資金ない、人脈ない、
アイデアない の
3ない状態でも
起業できる!

会社にいながら起業して月100万円稼ぐ

新しい起業のかたち

安田修

エムディエヌコーポレーション

はじめに　この世から「ひよこ喰い」をなくしたい

「誰でも楽して簡単に、月１００万円の安定収入を、すぐ確実に得られる方法がある」

そう聞いたら、あなたならどう思いますか？　はじめまして。この本の著者、安田修です。

これは、起業の本です。資金や人脈、起業のためのアイデアがない（と自分で思っている）状態の普通のサラリーマンの方が、対人サービスを前提としたスモールビジネスを、いきなり会社を辞めるなどの余計なリスクを取らずに、着実に成功させるためのノウハウについて書かれています。決して、楽して儲かる方法について書かれた本ではありません。

それでは、なぜ私がこの本を書いたのか、少しご説明します。

みなさんは「ひよこ喰い」という言葉を、聞いたことがありますか？　サラリーマンや主婦など、知識も経験もまだない状態の人が勇気を振り絞り、卵の殻を破って起業の世界に飛び込んだばかりのところをパクっと食べてしまう、詐欺まがいの業者のことです。

いろんな業界にそういう人はいるのですが、残念ながら私が取り組んでいる起業支援の世界にも「ひよこ喰い」は多く存在します。5年前、会社を辞めて起業をした私の前に広がっていたのは、いまだにひよこ喰いが横行する、とても古くて汚い世界でした。これは、残念ながら今でもあまり変わっていません。

起業家の不安につけ込み、冒頭の「楽して簡単に」や「まだ知られていない最新のノウハウ」「好きなことだけやれば良い。努力なんてしなくても良い」「あなたらしく、ありのままでいさえすれば良い」などと聞こえの良い言葉で近寄ってきて、虎の子の貯金や退職金数十万円を奪い去っていく。話が違うと抗議しても「あなたは私が言ったことをすべてやっていない。あなたが悪い」と逃げてしまいます。

「誰もが自由で、好奇心あふれる生き方ができる世界を創る」

これが私のミッションです。当初、私は起業に役立つ「仕組み」だけを提供するつもりでした。

起業を志す人が時間をかけて、稼ぐ力を身につけることができるプラットフォーム。それぞれがそこで実験をして、じっくりと自分にあったやり方を見つけていけば良い。そう考えていたのですが、ひよこ喰いの実態を目の当たりにして考えが変わりました。

せっかく勇気を出して最初の一歩を踏み出した人が、ことごとく悪質なひよこ喰いの被害にあってしまっては、自由で好奇心あふれる生き方ができる人を増やすことはできません。自分でも直接「起業塾」を開催し、また本などを通して起業に必要な考え方をお伝えすることで、そういう人たちが被害に会わないように助けていこう。そう考えるようになったのです。

起業、特に本書で取り扱うスモールビジネスを成功させるために必要なことは、とてもシンプルです。誰かを騙したり、強引に売りこんだりする必要なんてありません。本書に書かれた内容に従って実験を繰り返していけば、あなたに合ったやり方が必ず見つかるはずです。

起業は決して、楽して簡単に儲かるものではありません。むしろ、そういう方法を探すのは「騙してください」といっているようなものです。青い鳥を探すのはやめて、頭を使って、やるべきことはしっかりやりましょう。その先に、自由で好奇心にあふれた、あなたらしい人生がきっと待っています。

また、どうしても起業にはリスクがあるというイメージがあります。特に、家族がいてあなたが家計を支える立場にいるのなら、不安が大きいでしょう。ご家族に相談すれば、強く反対されるかもしれません。私は人生は一度だけであり、やりたいことはやったほうが良いとは思います。しかしご家族の立場からすれば、反対するのが当たり前です。

大丈夫。一念発起して会社を辞める必要なんてありません。歴史を紐解いても、「背水の陣」を敷くのはほとんどが負け戦です。今の会社にお勤めのままで、そこで頑張った経験を活かしながら、少しずつ前に進んでいきましょう。この本を読んだことをきっかけに、あなたの人生が大きく変わるかもしれません！

安田 修

Contents

目次

Contents 目次

第4章　セミナーを開催する

Contents 目次

第7章　情報発信を続ける

第8章　一生稼げる次のステップ

Contents 目次

［ 本書のビジネスモデルの全体像 ］

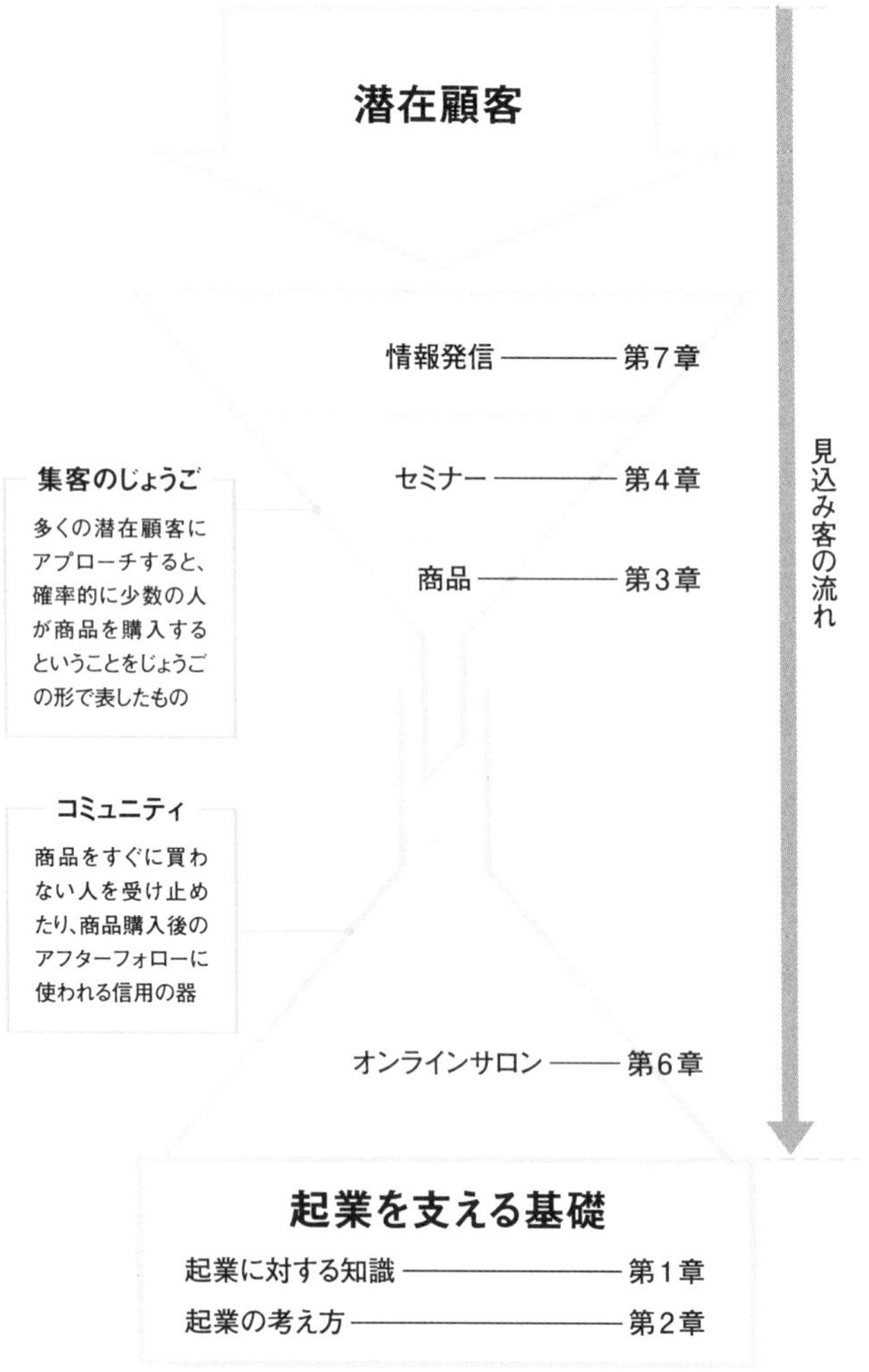
潜在顧客
情報発信 ——— 第7章
セミナー ——— 第4章
商品 ——— 第3章
見込み客の流れ
集客のじょうご
多くの潜在顧客にアプローチすると、確率的に少数の人が商品を購入するということをじょうごの形で表したもの
コミュニティ
商品をすぐに買わない人を受け止めたり、商品購入後のアフターフォローに使われる信用の器
オンラインサロン ——— 第6章
起業を支える基礎
起業に対する知識 ——— 第1章
起業の考え方 ——— 第2章

第1章

なぜいま起業なのか

ストーリー　起業とサラリーマン、どっちが安全？

都内某所のカフェ。年の頃は30歳より少し上というところだろうか、サラリーマンと思しき男性が、コンサルタントらしき人物に相談をもちかけている。

次郎（以下じ）「先生、先日の『ビジネス構築セミナー』に参加させていただいた次郎です。無料の個別相談ということで、いくつか質問してもよろしいでしょうか？」

フラスコ（以下フ）「もちろん、そういうお約束でしたからね」

じ「実はご相談がありまして。僕はシステムエンジニアをしているのですが、人間関係に悩んでいて・・・会社を辞めて起業するかどうか、悩んでいるんです」

フ「そうですか。次郎さんご家族はいらっしゃいますか」

じ「はい、妻と小さな子供が2人です」

フ「なるほど。どんなビジネスで起業をされるか、決まっていますか」

じ「わかりませんが、自分のお店を持てたら良いと思っています。居酒屋とかですかね」

フ「居酒屋。それはなぜですか」

じ「自分の城を持てるっていうか、好きなときに好きなことだけ、好きな仲間を集めて、自分らしい仕事ができたらいいなと思うんです」

フ「ふむ。自分らしくね」

じ「サラリーマンは一見安全なように見えますけど、いつクビを切られるかわかりませんし、上司と相性が悪いだけで終わり、いきなり転勤もありえますからね」

フ「なんだか私とあなたの立場が逆なような気がしますが、それに関しては確かにそのとおりですね」

じ「起業をしてしまえば定年もないし、起業をしたほうがサラリーマンよりも安全なのではないかとすら思うんです！　これが本当の働き方改革です！」

フ「いや、参りました。まったくそのとおりですね」

じ「・・・っと、頭ではわかっているのですが、いざ会社を辞めようと思うと怖くて」

フ「そうですよね。まずはそこから始めましょうか。今の次郎さんのお話をお聞きする限り、会社を辞めずに副業から始めることを強くお勧めします」

じ「いやいや、一刻も早く会社を辞めたいんですよ！」

フ「本音が出ましたね。次郎さん、現時点ではあなたは、起業をしたいんじゃなくて会社を辞めたいだけなのではないですか?」

じ「う・・・」

フ「大丈夫、そこからスタートしてもいいんですよ。ただ、すぐに会社を辞めるのは全然、お勧めできません」

じ「でもお店を持つなら自分でやらないといけないし、どうしたらいいんですか」

フ「もしやりたいことが特にないのであれば起業は小さく、リスクを取らずに始められる形を選びましょう。いきなり店舗を構えるようなやり方はお勧めしません」

じ「えっ? どんなやり方をすればいいんですか?」

フ「まずは対人サービスを前提にスモールビジネスで、コミュニティを育てながら『稼ぐ力』を身につけることから始めましょう」

じ「うーん・・・それだとなんていうか、地味っていうか・・・」

フ「地味でも時間をかけて準備をして、地に足の着いたビジネスを作り上げましょう」

じ「・・・もっと簡単に、早く稼がせてくれるコンサルタントとか起業塾もあると思うのですが」

フ「はい、もしそういうサービスをご希望でしたら、そちらにご相談されて構いません。

ただ、私はそういう方法は存在せず、それを求めると騙されるだけだと考えています」

じ「・・・ちょっと考えてもいいですか」

フ「もちろんです。でも長期的に考えれば、あなたが言っていた『起業はサラリーマンより安全』というのはそのとおりです。よく考えてください」

じ「わかりました。よく考えて、またお伺いします」

第1節　サラリーマンであることのリスク

「なんだかんだいっても、サラリーマンは安全だ」

いまだに心の底からそう思えている方は、どれくらいいるのでしょうか。

私が日本生命という超大企業を辞めたのは、サラリーマンが合わないということが大きかったのですが、もう一つの理由は自分がサラリーマンであることに対する不安でした。確かに当時、高い給料をいただいてはいましたが、常にこんな心配がありました。

「この会社は絶対に潰れないのだろうか」
「会社をクビになったらどうする？」
「絶対にやりたくない仕事を命じられたら？」
「行きたくない地方に単身赴任ということもある」

「相性の合わない上司と当たったらそれだけで終わり」「心身の健康を害してしまったら」

根本にあるのは、会社への依存です。専門的な仕事をしているとはいえ、会社から離れたら自分でお金を稼ぐことができないということのリスクが、とても大きいと感じました。この状態だと、会社から何を要求されても従うしかない。それってとても危険なことだなと。会社を辞めて5年経ち、今やその感覚は極めて正しかったと確信しています。

そして税金。明らかに高所得のサラリーマンを主なターゲットにして、じわじわと上がってくる税金も嫌でした。知識もないし対抗する手段も持たないサラリーマンは、増税の格好の的です。自分でコントロールできないのがリスクなのです。誤解をしないでいただきたいのは、決して起業家が脱税をしているなどと言っているのではありません。単に起業家のほうが、明らかに税制上の優遇がされているというだけのことです。

サラリーマンという立場では、収入の上限も概ね決まっているうえに、国家財政を考えればこれからさらに厳しく税金を取り立てられるようになるのが明らかです。私は資産運用の仕事をしていたこともあり、サラリーマンである限りは一生豊かな生活はできない、ということに気づくことができました。

起業家になり、いずれは投資家になるしかこの資本主義というルールで勝つ方法はない、このことに反論できる人はいないでしょう。そう考えた私は不動産投資や株式投資を必死に勉強しましたが、会社勤めをしながらでは焼け石に水でした。

それほどリスクがあって報われないのがサラリーマンであるのに、激しい滅私奉公をしたうえに社内では政治闘争をして、出世という虚しいエサに食いついて熱狂することが、私にはどうしてもできませんでした。

いや正直に言いましょう。当時の私は確かにそういう理由でどうしてもサラリーマンが合わないと確信していました。そのうえ、社長にでもなれるならまだしも、実際このままではそれほど出世の見込みもないなと感じていたのです。だったら自分で事業をはじめて、育てたほうがリスクが低くてリターンも高いのではないだろうか、と考え始めたんです。

ちなみに、この本では頻繁に「サラリーマン」という表現を使います。一般的には会社員もしくはビジネスパーソンという表現が正しいのですが、「給料をもらうことで時間を売っている人」というネガティブな意味も含めて、あえてこの言葉を選択しています。自分のことをそう感じている人を、助けたいという想いからです。

セルフイメージが「ビジネスパーソン」である人は、そのことにあまり問題意識を持っていないと思うので、そもそも本書を手に取らないのではないでしょうか。「稼ぐ力」があるなら会社員、ビジネスパーソンであることも素晴らしいと思うのです。問題は、かつての私のように会社に依存していると感じている「サラリーマン」の方なのです。

第2節　働き方改革の本当の意味

ニュースでよく見る「働き方改革」とは何か、改めて考えてみましょう。副業解禁という流れとは別に、隠された狙いがあると私は考えています。それは、解雇規制の緩和です。つまり役に立たないサラリーマンをクビにできるようにしていく、ということです。

厚生労働省のサイトによれば**『「働き方改革」は（中略）多様な働き方を選択できる社会を実現し、働く方一人ひとりがより良い将来の展望を持てるようにすることを目指しています。』**とあります。

確かにポジティブに言えばそうなのですが、これは裏を返せば雇用の流動性を高めたい、なぜなら高齢化が進む中でもはや終身雇用が続けられないのだから、ということが背景にあるのです。なので逆にサービス残業などの滅私奉公を求めることもしません、お互いに大人の関係になりましょうということです。

実際、終身雇用が続けられないということはもはや既定路線になりつつあり、すでに経団連のトップや、超有名企業の社長も「もう、終身雇用は続けられない」という趣旨の発言をしていて、それに対して強く反論する人はいません。

それはそうでしょう。あなたの会社でも、高年収の中高年を若い世代が支えているのではないでしょうか。すでにその構造に気づいた優秀な若手は会社を辞めていっています。その構造のままで、定年が65歳、70歳に延長したら、崩壊することは明らかでしょう。

バブル期のように成長し続けている時代ならばまだしも、今は大企業にもそれを支える体力はないのです。しかし日本の法律では、基本的には稼がないからといって社員のクビを切れません。正当な理由がないと、解雇できないという規制で守られているからです。

そこについにメスを入れたのが、「働き方改革」なんですよ。「残業が減って良かったなあ」なんてのんびりしていた人は、反省してください。もはや企業とサラリーマンの関係性を変えるための改革は、始まっているのですから。

第3節　起業のメリットはたくさんある

サラリーマンのリスクを回避する企業のメリット

起業をすることのメリットは、サラリーマンであることのリスクと裏表の関係にあります。例えば、以下がすぐに思いつきます。

- ・定年がない
- ・提供する価値を自分で選べる
- ・満員電車に乗らなくて良い
- ・人事異動、転勤がない
- ・働く相手を選べる
- ・働く時間を選べる
- ・思う存分、仕事ができる

・稼いだ分だけ受け取れる
・税制面の優遇

このようにたくさん挙げられるのですが、それぞれの詳細をこれから順番に説明していきます。

「定年がない」

まずは**「定年がない」**ということです。国としては65歳まで働き続けられる環境を推奨をしてはいますが、実質的にはまだまだ60歳が定年という会社が多いでしょう。

雇用延長で一見、働き続けられるように見えても、実は給料は激減し、それまでと同じレベルの仕事はできません。それ以前に、会社によっては出向や役職定年という罠もあります。役職定年というのは例えば、55歳になったら部長・課長という役職を外され、一般社員になってしまうという仕組みです。雇用延長や役職定年後は大幅に給料はダウンしますし、部下はいなくなり、年下の上司の指示で働くことになります。

会社の事情としては、仕事をする意欲をなくしてしまっている中高年はどこの会社にもたくさんいますから、こういう制度を作らないといけないというのはよくわかります。しかし健康寿命が伸び、65歳を過ぎても能力・意欲ともに高い人も多いですから、そういう人にとっては定年という制度は辛いことですよね。

自分で事業を作って起業をすれば、定年とは無縁になります。その気になれば100歳まで世の中に価値を提供して、収入を得ることだってできます。老後の経済的な不安も解消できます。年金や資産運用のことを考えるよりも、長く働くことを考えるほうが安全だと私は思うのですが、どうでしょうか。

「提供する価値を自分で選べる」「満員電車に乗らなくて良い」「人事異動、転勤がない」「働く相手を選べる」「働く時間を選べる」「思う存分、仕事ができる」

次は、6つ一気にいきます。**「提供する価値を自分で選べる」「満員電車に乗らなくて良い」「人事異動、転勤がない」「働く相手を選べる」「働く時間を選べる」「思う存分、仕事ができる」**ですが、これはわかりやすいのではないでしょうか。

起業をすればもうあなたは会社の社長あるいは個人事業主です。どんな価値を提供して対価を受け取るか、どこで・誰と仕事をするかを自由に選べます。オフィスを持って通勤しなくても、自宅やカフェで仕事を完結させることも可能です。もちろん、望まない転勤もありません。また「稼ぐ力」さえあれば嫌な相手とは付き合う必要がなくなるので、これが起業の最大のメリットと考える人もいます。価値の提供と関係のないストレスが激減します。

仕事をする時間も自分で決めることができます。誤解があるといけないのですが、これは「時間が短くなる」ということではありません。もちろんブランド力をつけたり仕組みを作ったりして長期的にはそれも実現可能ではありますが、仮に会社を辞めて起業をしたとしても、仕事をする時間はどちらかというと長くなるのが普通でしょう。私も誰に強制されるでもなく土曜日に仕事をしたり、平日も気がつくと終電まで仕事をしていることがざらにあります。

働き方改革のこの時代では、むしろ「思う存分、仕事ができる」ことのメリットが大きいのかもしれないと感じています。長く働きさえすれば良いとは決して思いませんが、生産性という名のもとに効率を追求するだけの仕事から、他と差別化できるだけの能力が得られることは難しいと思うのです。この辺は賛否両論ある、ちょっと昭和っぽい価値観ですかね。でもそういう、仕事が好きな人にこそ、起業は向いていると思うんです。

「稼いだ分だけ受け取れる」

次に**「稼いだ分だけ受け取れる」**です。サラリーマンとして頑張って売上や利益を上げても、あまり還元されませんよね。業界にもよりますが、せいぜいボーナスが数万円増えるとか、そんなところではないでしょうか。出世して給料が上がるというのもどこまで成果を見てくれているのか、出世した人の顔ぶれを見ているとあまり成果とは関係ない気もするというのが正直なところでしょう。

起業の世界では、稼いだ分はすべて自分や関係者のものです。サラリーマンであれば年収1千万円になれば「勝ち組」で、通常はその上は頭打ちになりますが、起業であれば数千万円、数億円も夢ではありません。お金持ちになろうと思ったら、資産家に生まれる以外には、起業をして成功させるのが唯一の方法と言っても過言ではないでしょう。

「税制面の優遇」

税制面でも、起業家は優遇されています。単純には比較できませんが、そもそも所得税・住民税は最大55％であるのに対して、法人税は23・2％です。経営者の役員報酬には所得税・住民税はかかりますが、そこは自分で報酬の金額をコントロールできます。そして事業をしていれば、サラリーマンのときは認められなかった様々な支出が、経費として計上できるようになります。

このあたり、私も専門家ではありませんし、詳しい説明は他に譲りますが、起業をすると実質的な税負担は確実に減るということだけは事実ですので、お伝えしても良いでしょう。

サラリーマンをしているとどうしても税金のことは「仕方ない」と思考停止してしまうのですが、富裕層はあらゆる金銭の動きを税引き後で考えます。その意識の差こそが、貧富の差を生んでいるとすら言えるのです。起業家は税金という意味ではこの、サラリーマンと富裕層の間くらいにいる感じですね。

決して「お金がありさえすれば幸せ」ということでもありませんし、「起業をすればお金持ちになれる」ということでもありませんが、この資本主義というルールのもとでは「お金持ちになろうと思ったら起業をするしかない」ということは、事実としてお伝えしておきたいと思います。

提供する価値、仕事をする場所、相手、時間、そしてお金。こういうことを考え抜いていった結果、私が渇望する「自由で、好奇心あふれる生き方」をするためには、起業をする必要があるという結論に達したのです。

第４節　起業のリスクは下がり続けている

起業のリスクのすべて

本書では、できる限り起業に関するリアルなところをお伝えしたいです。良いことばかり並べて「さあ、会社を辞めなさい！」と書いてしまうと、それは私がこの世からなくしたいひよこ喰いとやっていることが変わらなくなってしまいますから。ですのでここでは、起業に関するリスクのお話をしましょう。

起業に関するリスク、および費用には以下のようなものがあります。

- 会社を辞めることによる生活費
- 会社設立費用
- 税務など専門家費用
- オフィスの家賃

・設備投資
・広告費
・人件費

このように、考えうる起業のリスクを挙げてみました。けっこうあると思う方もいるかと思いますが、やり方によってはこれらのリスクは深刻なものではありません。それを順に説明していきます。

「会社を辞めることによる生活費」

まず**「会社を辞めることによる生活費」**ですが、起業をするために会社を辞める必要はありません。お勤めのお仕事は辞めずに、副業から始めてください。もし辞めるなら事業が軌道に乗るまでの期間の生活費に相当する蓄えは必要になります。むしろ現在安定収入のない方が起業をするなら、まずは就職をすることをお勧めすることもあります。

家計を支える必要がある人が、会社を辞めて安定収入のない状態で起業をすると「とにかく今月の売上を確保しなくては」とお金に追いまくられてしまい、前節に挙げたような起業のメリットが得られなくなってしまいます。大きな仕組みを構築する余裕もなくなってしまい、とても苦しくなってしまうことでしょう。起業を諦めてまた就職する、というのもこのケースです。

中には「就職ができないから起業をしたい」という人もいますが、これはもう本末転倒。面接官にすら自分の価値を売れない、また会社の中ですら価値を提供できない人が独自に事業をやって、うまくいくということはあまり期待できません。学生さんや若手の方も、まずは会社の中で価値を提供することから始めましょう。個人的には、伝統的な大企業に就職するのも学びが大きく、悪くないと思います。

「会社設立費用」

次に起業に必要なコストの話です。まずは**「会社設立費用」**ですが、これは随分と安くなりました。資本金については以前は最低３００万円を用意しないと会社を作ることもできませんでしたが、法律の改正によって今では資本金１円でも設立できます。正直なところ、会社を辞めて起業をするなら生活費の他に資本金相当の300万円くらいは頑張って貯金をしてからと思いますが、副業ならば資本金は本当に1円でも良いでしょう。

株式会社を設立するには登記に必要な費用が20万円程度です。自分でもできますし、専門家に依頼したとしても30万円もあれば会社を設立できます。合同会社など、もっと費用を抑えて設立できる仕組みもありますし、そもそも個人事業主であれば法人を設立するための費用はかかりません。年間800〜1,000万円程度の所得が発生するまでは個人事業主で十分で、「起業をするために会社を作らなくてはいけない」というのは思い込みです。

「税務などの専門家費用」

次の「税務などの専門家費用」ですが、法人なら税務申告の書類が複雑なので、税理士さんの助力は必要になります。税務申告だけなら年間で数万円から15万円程度でしょうか。個人的にはとても安いと感じます。この他に、法人だと法人住民税の均等割が7万円かかります。個人であれば会計ソフトを使うなどして税務申告も自分でできますから、この点でも法人の設立は必要ありません。

ちなみに、私は会社を辞めてすぐに株式会社を作ったのですが、これはそのほうが本気になれるから、もっと言うと「カッコいいから」です。大きなビジョンに従って事業を育てるには、最初から株式会社のほうがイメージがしやすかったのです。そういう意味ではそこまで巨額の費用もかからずに誰でも「社長になれる」というのも起業のメリットと言えるかもしれませんね。

「オフィスの家賃」

「オフィスの家賃」は、敷金・礼金を支払って立派なオフィスを借りて・・・と考えている人がいたらそれ、もうかなり古いですよ。シェアオフィスであれば月額1～2万円くらいから見つけられるでしょう。個室でも数万円から、たくさんのオフィスがあります。業種にもよりますがオフィスを借りず、自宅とカフェだけで事業を完結させることも可能です。固定費はできるだけ下げて、無駄なリスクを取るのはやめましょう。

「設備投資」

「設備投資」をしなくても起業はできます。居酒屋などの店舗を出したいならば数千万円の投資が発生するので金融機関からの借入が必要になりますが、コーチ・コンサルタント・士業などの対人サービスであればそれも不要です。パソコンとホームページくらいはあると良いですが、できるだけ設備投資をせずに、小さく始めましょう。このあたりは、次の節で詳しく解説します。

「広告費」

「広告費」も不要です。広告費をかけずにどうやって集客するんだと思われるかもしれませんが、広告費を使って集客するという発想は、少なくともビジネスを立ち上げたばかりのときはあまり効果が期待できず、費用がかさむので危険です。リアルの場や紹介、ＳＮＳなどをうまく使い、広告費をかけずに集客する方法を活用しましょう。その意味では、名刺くらいはあったほうが良いですね。

「人件費」

「人件費」についてはもう、論外です。人を雇うことを前提としたビジネスは、できるだけ避けましょう。ある程度、事業規模が大きくなったら人を雇うことも視野に入れる、くらいで良いです。それにしても雇用ではなく、業務委託契約などでお仕事をお願いした分だけお金を支払うこととして、できるだけリスクを抑えたほうが良いと思います。

今の時代はこういう、かつては起業に必要な投資と思われていたコストをほとんどかけずに起業をすることができますし、何より副業解禁によって会社を辞めずに堂々と起業をすることができるようになってきています。であれば、起業をしない理由が何かあるでしょうか？

第5節　小さく始めるための「商品」とは

前節でも述べましたが、リスクを抑えて起業ができるという時代の恩恵を最大限に受けるためには、業態を選ぶ必要があります。極端な話、大型の工場を建設して大量生産をする、という昔ながらの重厚長大の業態で起業をするなら、今も昔もあまり変わらないのです。そもそも普通のサラリーマンの起業のやり方としては、現実的ではありません。

しかし今でも、リスクの高いやり方を選ぶ人が跡を絶ちません。人を雇ってオフィスを構える、設備投資をして在庫を持つ、広告に頼るなどの「古い」ビジネスモデルです。どうしても店を出したいというのであればその範囲で工夫するより仕方ありませんが、ゼロから始めるのであればできるだけリスクのない、有利な方法を選びたいと思いませんか。

かといって、YouTubeやブログでの広告収入を目的としたネットビジネスは、お小遣い稼ぎ程度であれば構いませんが、起業を見据えた取り組みとしては誰にでもお勧めできるものではありません。向き不向きがあり、ずっと頑張り続けなくてはいけない割にはなかなか収益は安定せず、またGoogleなどのプラットフォーム側のルール変更により収入が激減するなどのリスクが高いからです。

私が**起業の業態でお勧めするのは、広い意味でのコンサルタント業です。お客様が抱える悩みを解決し、価値を提供して対価を受け取るビジネスです。**これならば、最初は人を雇う必要もありませんし、オフィスがなくても自宅やカフェでもできます。在庫も不要、広告も基本的には不要です。初期投資がほとんどいらないうえに今やっている仕事のスキルが活かせるので、サラリーマンの方が起業をするのにはピッタリだと言えるでしょう。

ただし、のちほど商品作りのところ（第3章：67ページ）で説明しますが、コンサルタントやコーチ、士業というのはそれ自体ではまだ商品ではありません。何か他のアイデアと組み合わせ、またターゲットを明確にすることで商品を作り出さないといけません。「何のコンサルタントですか？」ときかれて「何でもできます！」と答えているようでは、商品があるとは言えないのです。

第6節　なにが「新しい起業」なの!?

起業についての新しい考え方・価値観

ところで、本書のタイトルは「新しい起業のかたち」です。「何が新しいのか？」という疑問を持ったままここまで読み進めてしまった方も多いでしょうから、その点をここではっきりさせておきましょう。本書の新しい点は、以下のとおりです。

- **会社を辞めずに堂々と起業する**
- **オンラインサロンを持って起業する**
- **サラリーマンより、起業するほうが安全という考え方**
- **長期的な視点と実験思考**

この本に書いてあるやり方自体は、それほど新しいものではありません。とはいえ今まで対人サービスによるスモールビジネスで起業をしようという発想がなかった方にとっては、そのすべてが新しい内容に感じられると思います。それよりもむしろ、新しいのはその考え方であり、価値観です。

「会社を辞めずに堂々と起業する」

まず**「会社を辞めずに堂々と起業する」**については、ここまでに書いてきたとおりです。一念発起して会社を辞め、借金をして設備投資をして、オフィスを借りて人を雇って広告費を使い、一か八かの大勝負・・・そういう考え方はすべて、「古い」起業のイメージです。

「会社を辞めずに起業する」という概念は『週末起業』（著：藤井孝一／筑摩書房より）で20年近くも前に提案されているので、全然新しい考え方ではありません。ですが、当時はまだ副業禁止が当たり前でしたので、いかに会社にバレずに起業をするかというところに力点が置かれていました。しかし、今は時代が変わりました。

せっかく副業が認められる時代なのですから、会社にばれないことが前提のやり方、つまりアルバイトや物販、ネットビジネスなども「古い」のです。堂々と名前と顔を出して、ブランディングをしていきましょう。それがあなたの、「稼ぐ力」につながります。そして会社にとっても、稼ぐ力を持った社員が増えることは会社のブランディングや「稼ぐ力」にもなりますから、大歓迎なのです。

「オンラインサロンを持って起業する」

次の「**オンラインサロンを持って起業する**」については第6章でご説明します。これからはコミュニティの時代です。スモールビジネスであっても、いえスモールビジネスであるからこそ、コミュニティの重要性は極めて高いのです。まだまだ世間には理解されているとは言えない有料のコミュニティであるオンラインサロンを、最初から持って起業するのは新しい、しかしとても合理的なやり方だと理解していただけることでしょう。

「サラリーマンより、起業するほうが安全という考え方」

「**サラリーマンより、起業するほうが安全という考え方**」が、本書を通してお伝えしたい価値観です。悪質な「ひよこ喰い」による影響もあり、起業は危険だというイメージが浸透してしまっています。しかし考え方ややり方によっては、起業は決して危険ではありません。むしろ、会社の言いなりの生き方こそが、危険なのではないかと何人かの方に気づいていただけたら、この本を書いた意味があります。

「長期的な視点と実験思考」

「長期的な視点と実験思考」は、以上のような前提で起業をしていくならば自然とたどり着くことができる考え方です。会社を辞めず、オンラインサロンを育てながら、サラリーマンをするよりも安全に起業をしようと思ったら、長期的な視点と実験思考が大切だということに、必ず気づいていただけると確信しています。そしてそれは、今までの起業の概念を根本から覆す考え方なのです。

【やらない理由はたくさんある】

起業しない理由が何かあるでしょうか？　と書きましたが、実際にはその気になればやらない理由はいくらでも考えられます。例えば、やり方がわからない、時間がない、スキルがない、お金がない、家族からの理解が得られないなどなど。やりたいことが見つからないなんていう人もいます。

でもこれらは、行動を起こさない本当の理由ではありません。やり方は本に書いてありますし、時間は捻出するものです。スキルがない状態からも起業は始められますし、お金がなくても始められます。

家族からの理解は、きちんと説明すれば得られます。やりたいことがないとできないというのは順序が逆で、仮説を立てて動き出せばやりたいことが見つかるものです。つまり、これらの理由らしきものは言い訳にすぎません。

本当のやらない理由は、もっと別にあります。それは、一つは恒常性（ホメオスタシス）です。人間も動物ですので、脳は変化を嫌います。できるだけ昨日と同じ今日が、今日と同じ明日が来てほしい、と本能的に願うものなのです。これは、下に変化することもそうなのですが、上に変化することも同様です。また、一人だとその恒常性から脱出するための新しい習慣づくりが続けられないということもあるでしょう。

そして最大の理由は「やると決めていない」からです。やると決めていないからやらない、というのは言葉遊びのように感じるかもしれませんが、本質です。「できたらいいな」と「やる」の差は、決定的に大きいのです。

非常に多くのサラリーマンの方が、優秀であっても、いえ優秀であればあるほど、情報収集に時間をかけます。もっと調べてから、もっとスキルを伸ばしてから、もっと貯金をして、もっと準備をして・・・と「稼ぐ力」に直結する活動を何もせずに何年もの時間が経過してしまいます。

自己啓発本やビジネス本を読んでも何も起こらないのは「できたらいいな」という姿勢で読むからです。実際に行動をしている人は、そういう本からも得るものがとても大きくなります。できればあなたも、「起業をするぞ」と決めて本書を読んでみてください。そうすることで学びの質が、まったく異なってきますよ。

第2章

起業に必要な「考え方」

ストーリー　なんだかんだ言ってもマインドは大切！

都内某所のカフェ。フラスコと次郎に加え、女性の姿が。次郎より少し年上だろうか。

じ「先生、やっぱり教えてください。他のコンサルタントや起業塾の話も聞いたのですが、ぐいぐい売り込んでくる感じで怖くて・・・」

フ「はい。構いませんよ。楽して儲けようとすると騙される、という意味が少しは伝わりましたでしょうか」

じ「はい。よく考えたらそんな方法、あるわけないですよね。でも一人だと不安なので、今日は他のセミナーで出会ったさやかさんをお連れしました」

さやか（以下「さ」）「押しかけてしまってすみません。よろしくお願いします」

フ「まあ一人も二人も同じなので、いいでしょう。相談料はいただきますが」

さ「そうしていただいたほうが気が楽です。私も起業をしたいんです」

フ「ふむ、さやかさんはご家族は」

さ「独身で、一人暮らしです。実はパートナーを交通事故で失いまして・・・」

フ「そうなのですね、それはお気の毒に」

さ「勤めていた銀行を辞めて結婚をしたのですが、また銀行には戻りたくないし、起業ができたらいいなと思うのですが、特にこれといってスキルも資格もなくて」

フ「起業をするのに特別なスキルや資格は必要ないですよ。ただ、安定したキャッシュフローがあったほうが、起業はやりやすいですからいったん就職するのもありですよ」

さ「はい、それも考えてみます。スキルも資格もないので、コーチングの認定を取得して、コーチで起業をしようと思うんです。コーチングはすごいんですよ。どんな悩みでも対話を通じて解決できる素晴らしい技術なんです！」

フ「コーチで起業・・・そうですね、素材としてはまずそれでもいいでしょう」

さ「素材・・・ですか？」

フ「はい、コーチングは有用なスキルではありますが、それ自体は商品ではないです。また次回にでもお話しましょう。本日は起業に対しての考え方、マインドの話です」

た「ええっ、稼ぎ方を教えてくれるんじゃないんですか」

フ「慌ててはいけません。マインドなくして方法を知っても、続きませんから意味がありません。なんだかんだ言っても、マインドは大切なんです」

じ　「マインドと言うからには覚悟の問題ですよね。やはり会社を辞めて背水の陣で⁉　それとも24時間戦えますか⁉」

フ　「いえ、真逆です。そういうイチかバチかみたいな発想、精神論は捨ててください。長く働けばたくさんお金がもらえるというのも、サラリーマン的な発想です」

さ　「でも私の知り合いの起業家はみんな長時間、仕事をしているように見えます」

フ　「少なくとも最初の頃は、結果として時間は長くなるかもしれませんね。でも起業家が受け取るのは労働時間の対価ではありません。提供した価値の対価としての報酬です」

さ　「会社員とは、稼ぎ方が違うんですね」

フ　「サラリーマンは、お金を稼いでいません。時間を切り売りして我慢料を受け取っているだけです。給料をもらうのとお金を稼ぐのとでは、まったく別の能力が必要です」

じ　「もしかして、マインドというのは戦略のことですか？　ライバルのいないブルーオーシャンを探せ、とかあなただけの強みを探せ、みたいな」

フ　「それもちょっと違います。スモールビジネスを始めるなら、ライバルがいるレッドオーシャンくらいがいいでしょう。あなただけの強み、も探すと迷宮入りします」

さ　「でも、強みがないと売れないのでは？」

フ「そうです。ノートに書いたり誰かと話をしたりして、あなたの強みを探すことは必要です。でも、それは突出した、あなただけの強みである必要はありません」

じ「ずいぶん、イメージと違うんですね」

フ「はい、起業をして成功するには、サラリーマンだった頃の考え方を捨てて新しい考え方をインストールする必要があります。それがマインドということです」

さ「なるほど、そこが違っていると無駄な努力が増えてしまいそうですね」

フ「はい、正しい努力をするために必要不可欠なのが、マインドを整える作業です。そしてそのうえで、強みを探していきましょう」

さ「自分の強みって、わからないんですよね」

フ「なのでお二人がペアになって、相手の強みを探してください。まずはそれぞれが自分の強みをノートに書いてから、説明して質問してもらうという形式で」

さ「質問なら得意ですよ。まだ見習いですけど、これでも一応コーチですから」

じ「おお、頼もしい」

フ「では、そういうことで」

じ&さ「わかりました！」

第1節 「背水の陣」は敷くな

本章では起業に大切な考え方の話をしていきます。考え方や心構えは「マインド」と呼ばれることもありますが、なにごとも成功するためには必要なのはスキルやノウハウだけではなく、むしろこのマインドによる部分が大きいのです。

そう言うと「やはり本気でやらないと！　会社を辞めて背水の陣で起業に挑みます！」という人がいるのですが、それは大きな勘違いです。安易に背水の陣を敷かないでください。兵法において背水の陣というのは川を背にして布陣することで、基本的には単に逃げ場のない、悪い陣形の代表なのです。歴史を紐解いても背水の陣で勝った例は多くはなく、理屈に合わない奇策なので勝てば目立つだけのことです。

起業において背水の陣を敷きたがる人の特徴としては、とにかく会社を辞めたいか、今の仕事で結果を出せないことを環境のせいにしている人が多いです。厳しい言い方ですが、今の環境では手を抜いているから結果が出ていないけれども、必死になって努力さえすれば自分はすごいのだ、と思いたいのですね。

そのような人が会社を辞めても、思ったほど必死に努力はできないものです。むしろ義務から解放されてだらけてしまい、キャッシュフローが回らなくなってまた就職活動、ということになります。繰り返しになりますが会社は辞めず、安定したキャッシュフローを確保しながら時間をかけてしっかりビジネスを育てましょう。

アメリカの起業家を対象としたある調査でも、リスクを避けて本業を続けながらビジネスを始めた起業家のほうが、思い切って本業を辞めて飛び込んだ起業家よりも失敗の確率が33％低かったという結果が出ているそうです（『ORIGINALS　誰もが「人と違うこと」ができる時代』著：アダム・グラント／三笠書房より）。**背水の陣が実は負ける確率が高い、**ということを裏づける、おもしろいデータですよね。

第2節　「楽して儲けよう」は遠回り

自分に都合の良い画期的なビジネスなんてない

もう一つ、必ず考え方を変えてほしいことがあります。それは「幸せの青い鳥探し」をやめることです。**どこかに「楽して儲かる」画期的なビジネスのやり方があると思ってさまようのは、時間の無駄です。**それどころか、そのような考え方をしていると悪質な業者に騙されて、大切な資金すら失ってしまう可能性があります。

起業家の中にも次々と新しい商材を求めて「今度こそ」とやっている人が多いのです。これはごく当たり前のことなのですが、ある瞬間に他よりも効率の良い稼ぎ方があったとしたら、多くの人がそこに殺到します。結果としては需要と供給が逆転し、むしろ頑張っても稼げないという状態になってしまいます。一時期もてはやされたブログアフィリエイトがまさに今、このような状態にあります。

YouTubeも今は稼げるとされていますが、それほど遠くない将来、その状況はなくなるでしょう。やるなと言っているわけではありません。情報発信としてのブログや動画は有効ですし、そこで勝負したい人は、やれば良いと思います。ただ「おいしいからやってみよう」という程度であれば、長続きもしませんし、結果としてうまくいかないでしょう。

好きなことで稼ぐのは近道か

「好きなことだけやれば良い」も解釈の仕方によっては危険な考え方です。好きなことにはいつまでも没頭できるので、スキルが高くなって勝ちやすい、という意味ではそのとおりなのですが、これを「つらいことは一切やらない」という受け取り方をする人が多いのです。商品開発もセミナーもたいへんだからやらない、情報発信は面倒だからやらない、となると、あとはもう奇跡を起こすしか成功への道はありません。

奇跡を信じることは結構ですが、「人事を尽くして天命を待つ」なのだと思います。**やるべきことはしっかりやったうえで、運も味方につけつつ、長期的には好きなことだけに集中できる環境を整えていく**のが良いでしょう。

第3節 「労働時間」から「提供価値」へ

提供価値こそが稼ぎを生む

そしてサラリーマンから起業家になるために必要な、考え方のもっとも大きな変化がこれです。**労働時間でお金をもらうという発想をやめ、提供する価値の対価としてお金を受け取るという発想にしましょう。**

会社勤めをしたことがある人なら誰でも、上司の目を気にして早く帰れないとか、仕事を頑張っているフリをして手を抜く、こっそりカフェに行って一息つくなどの経験はあるでしょう。サラリーマンであればどうしても「汗をかいている感じ」が評価され、要領の良さはマイナスに評価されてしまったりするのでこれは仕方のないことなのです。

しかし、起業をするとこれらに意味がないことがはっきりとわかります。もちろんカフェで一息つくのはまったく問題ありませんし、私も大好きです。しかしそれを、こっそりやる必要はないわけです。昼間から映画を観ていようが寝ていようが、結果が出ればそれがすべてです。逆に、長く仕事をしても稼げなければ、まったく収入にはなりません。その時間は価値を生んでいるか、その一点で時間の使い方を考え直さなくてはなりません。

「稼ぐ力」の意味を知ることが大切

といってもこれは今日から突然、ぱちんとスイッチを入れて考え方を変える、というように簡単なことではありません。それほど私たちの脳には、労働者としての価値観が深く染み込んでしまっているのです。自分が雇われているうちはそのことに本当の意味で気づくことはできないので、これはもうちょっとした洗脳であるとすら思います。

私から見ると、大多数のサラリーマンには「稼ぐ力」がありません。いや自分は稼いでいる、年収1千万円だ、時給に直しても5千円だなどとおっしゃるかもしれませんが、**いくら給料が高くても、労働時間に対してお金を受け取っているうちは雇われているのであり、自分で稼いでいるのとは違います。**

労働時間と時給をベースにしたまま起業をすると、例えば2時間のセミナー講師をしたらせいぜい5千円しか受け取れないかな、1万円だと高すぎるかな、などと考えてしまいます。価値を高めることを考えて値上げをする代わりに、単価は安くてもどんどん仕事を受け、忙しくすることで安心するという稼げないループに陥ってしまいます。これは、危険な罠です。

第4節　「レッドオーシャン」に飛び込む

起業に関する誤解では、これも大きなものです。「ブルーオーシャン戦略」はもはや古典であり、常識となりました。誰も手をつけていない、競争相手のいない未開拓の市場やビジネスを見つけてそれに取り組めという考え方です。もちろん競争戦略の理論としては正しいのですが、スモールビジネスにはあまりぴったりとは当てはまりません。

この理論のせいか「確実に勝てるやり方を見つけてから始めよう」として身動きが取れなくなっている方が多いように思うのです。他と差別化された商品、完璧なビジネスモデル、社内の稟議を通すにはそれくらいの準備が必要なのでお気持ちはわかりますが、そんなやり方を机上で考えるだけで見つけることは、よほどの天才でない限り不可能です。例えると上空をヘリコプターで飛びながら、海の青い部分を探す感じでしょうか。もしそうやって空から見て青い部分を見つけて飛び込んだとしても、そこはきっと生物のまったく生息しない「死の海」である可能性が高いです。競争相手がいないのは、そのサービスや商品をお金を出してまで買いたいという人が誰もいないから、というわけです。

それよりは、赤い海（レッドオーシャン）には確実にプランクトンはいますから、思い切って飛び込み、なんとかもがいているうちにふと、少し深い海に青い部分を見つける、というのがブルーオーシャンの本当の意味だと私は理解しています。実験を繰り返すうちにコツンとぶつかった差別化要素、それこそがブルーオーシャンだと私は考えます。

私はよく、「確実に勝てるやり方を見つけてから始めよう」という考え方を「のび太理論」だとお伝えします。ドラえもんに出てくるのび太くんは「泳げるようになるまで海にもプールにも行かない！」という趣旨の名言を吐きました。これがおかしいのは誰でもわかるでしょう。泳ぐ練習をしないと泳げるようにはならないからです。なら**ビジネスの世界でも、とにかく飛び込んでみないとうまく泳げるようにならない**と思いませんか。

「稼ぐ力」を身につけながら様々な実験を繰り返すことで、そのうち勝負すべきブルーオーシャンが見つかるものです。最初からそれを探すのは、決して近道ではありません。

第5節　「特別な才能」や「資格」は不要

「起業の成功者＝天才」ではない

似た話だとＵＳＰ（Unique Selling Proposition）というのがあります。これも多くの方が本などで中途半端に学んでしまって、迷宮に入り込みます。ＵＳＰは「独自の売り」「選ばれる理由」、という程度の意味なのですが、なぜか勝手に「あなたにしかない圧倒的な強み」という風に誤解してしまって行動すること自体を諦める、というパターンです。とてももったいないなあと思います。

「ごく一部の天才しか、起業して成功できない」というのは、起業の世界に広がる一種の神話です。そんなことは、全然ありません。生まれつき特別な才能がなくても、起業をしてうまくいっている人はいくらでもいます。起業は神々の戦いではないのです。

あなたの頭には今、イーロン・マスクやマーク・ザッカーバーグ、ジェフ・ベゾスに孫正義（敬称略）といった才能あふれる人たちが浮かんだことでしょうが、スモールビジネスで起業するなら戦う相手は彼らではありません。またメディアに出てくるような人はもともと才気あふれるタイプが多く、もっと地味なタイプの成功者はいくらでもいます。

特に非上場のスモールビジネスで「幸せな小金持ち」という成功のパターンを選択した人たちは、いざ接しても驚くほど普通です。自ら育てたビジネスからの安定した収入を得て、心穏やかに暮らしています。どちらを目指しても構いませんが、我々が目指すのは、まずはこちらなのです。

「資格」よりも「稼ぐ力」のほうが大事

「資格」も必要ありません。医者や弁護士など、ごく一部に法律で規制されていて資格がないとできない業務は存在しますが、ほとんどの場合「資格がないとできない」は思い込みなのです。

かく言う私もサラリーマン時代は中小起業診断士に証券アナリスト、AFP、ソフトウェア開発技術者、TOEIC800点といったそれなりに難関と言われる資格を大量に取得するいわば「資格マニア」でした。しかし、起業してからその資格が直接、役に立ったことはありません。勉強をした内容や、試験に合格したという自信には意味があります。しかし、資格そのものは必要ないと感じるのです。

例えば経営コンサルタントの仕事をするのに、中小企業診断士の資格は必要ありません。経営コンサルタントに関する唯一の国家資格なのに、です。もちろん、資格を持っていると人から信用はされやすくなりますし、中小企業診断士協会に所属することができたり国からの仕事をもらいやすかったりして、プラスはあります。ただ肝心の経営コンサルタントの仕事をする際、資格を名乗らないほうがむしろ単価が高くなるというのが現状なのです。

私が起業直後、月15万円で中小企業の顧問をしていたときも「税理士で月5万円なのだから、中小起業診断士だったら月3万円くらいかな」とすごく安い価格が「相場」として認識されてしまうことが多く、高額のコンサルフィーをいただくような場面ではむしろマイナスになると感じることがありました。ですのでいつしか、中小企業診断士であることは積極的には名乗らなくなりました。名刺からも資格名を消したくらいです。

何であれ体系的に勉強をすること自体は良いことですし、資格を取るなと言っているのではありません。ただ、**起業や副業は3年かけて資格を取ってから・・・などと考えているならその期間を、「稼ぐ力」を身につけるために使ったほうが効率的**だ、ということです。

第６節　あなたの強みの見つけ方

強みのない人なんていない

そうは言っても、ビジネスは一種の競争ですから、何の強みもないままで成功することはありません。行動しながら考え抜いて強みを見つけ、実験してそれを磨き上げることで、勝ち残っていくのです。

「自分には何の強みもない」

と思っているあなた。お気持ちはわかりますが、決してそんなことはありません。少なくとも**サラリーマンとして今まで頑張って仕事をしてきたのであれば、強みがないなんてことはありません。そんな人はいないのです。**

強みは弱みの裏返し

強みは誰にでもあるのですが、本人はそのことに気づきにくいのです。なぜなら、他の人にとってはたいへんでも、あなたは特に意識しなくてもあっさりとできてしまうことこそがあなたの強みだからです。

その人の強みは、弱みの裏側にあったりします。例えば私の場合だと、実はとても内向的なので多くの人と交流するのが苦手だという弱みがあります。その裏返しとして、いろんなことをじっくり考えることができるのが強みです。そもそもは幼い頃に身体が弱かったので、一人で将棋盤に駒を並べて遊んでたりして、考えることが習慣になったという背景があります。

内向的な弱みを補おうと工夫をするあまり、今やその仕組み作りがコミュニティ・プラットフォームという仕組みを作るくらいの強みになってしまうというのは、ちょっとおもしろいですよね。

自分の得意を書き出して強みを知る

強みを見つけるにはまず、あなたの得意なことをノートに書くことから始めましょう。自覚していることだけではなく、誰かに褒められたこととか、今までたくさんの時間やお金を使ってきたことなどをすべて書いていきます。できるだけたくさん書いてから考えたほうが良いので、強いて言えば人よりは少し得意かな、くらいで構いません。

また、過去の人生を振り返ってどんな実績があるか、どんな子供だったかなどを振り返りましょう。言ってみれば「人生の棚卸し」ですね。やってみると意外と忘れていた経験や、あなたを助けてくれそうな人の存在に気づくかもしれません。それらはあなたの「リソース（資源）」なのです。

そしてできれば、あなたのことをよく知る人にその内容を説明してみましょう。声に出すことは書き出すときとは違う脳の回路を使うので、それだけでも気づきはありますし、パートナーから意外と、自分では気づかない強みや実績を教えてもらえるかもしれません。

COLUMN

【妻へのプレゼン】

いざ起業をしようとすると、家族からの反対を受けることが多いです。我が家でも、それは例外ではありませんでした。特に私の場合は小さな２人の子供がいるうえに副業ではなく、会社を辞めて起業をするということでしたので、賛成してくれるほうがおかしいとさえ言えるでしょう。妻からしたら、安定して高い給料を貰える環境を捨てて、好き好んでリスクだらけの世界に飛び込むという狂気の沙汰なのですから。

ここで一番やってはいけないことは、「どうせ理解できないだろうから」と何の説明もなく、パートナーの方に内緒で会社を辞めてしまうことです。事後承諾ということなのでしょうが、それこそ離婚を切り出されても何の不思議もない状況ですし、おそらく裁判をしてもあなたが負けるでしょう。

私はどうしたかと言えば、起業をするに際しては妻に対してプレゼンテーションをしました。文字どおりのプレゼンで、パワーポイントで10枚を超える資料を作り、事前にアポを取って誠心誠意、起業をする意味とリスク・リターンについて説明をしたのです。取引先、金融機関などにプレゼンをするのであれば、最大の関係者である妻にプレゼンをしないのは、おかしいと思ったからです。

３回のプレゼンの末、このままサラリーマンを続けても私が病気になると思ってくれたのか、妻は「あなたがやるなら」と起業を認めてくれました。このことには感謝しかありませんし、さらには土曜や祝日を含めて大幅に仕事をする時間を認めてくれて、今では私の仕事を手伝ってくれています。今の理想的な状態があるのは、ひとえに妻のおかげです。

奥様や旦那様、彼氏彼女かもしれませんしご両親かもしれませんが、パートナーの方はこの世で一番、あなたのことを想ってくれる人です。そういう人に対しては最大限の説明責任がありますし、またそういう人ですら説得できない事業計画では、他の人の気持ちも動かすことはできないでしょう。厳しい言い方をすれば、その程度の覚悟・内容・説得力では、成功はおぼつかないかもしれません。

副業であればまだ、ある程度かたちになるまでは内緒で始めておくという選択肢はあるかもしれません。それでも、できるだけ早い段階でパートナーの方の理解は得ておいたほうが、もしかしたら何か手伝ってくれたりするかもしれませんし、ビジネスは大幅にやりやすくなりますよ。繰り返しますが、一番あなたのことを想ってくれる人なのですから。

第3章

商品・サービスを開発する

ストーリー　最初は誰でも商品がない

都内某所のカフェ。フラスコと次郎、そしてさやかが向かい合っている。

じ「先生、いよいよ稼ぎ方の話ですよね」

フ「はい、宿題の確認をしたら、商品作りの話をしていきましょう」

じ「やった！　でも僕、商品と言われても全然ピンとこないんです。お酒⁉」

フ「まだ居酒屋さんをやるつもりなんですか。いや本気ならそれもいいですが」

さ「私はコーチングが商品だと思っていたけれど、それは商品じゃないと言われてしまって、わからなくなりました」

フ「はい、コーチングは商品ではないですね。でもまずは宿題の強みについて確認しましょうか」

じ「さやかさんはコーチだけあって、話を聴く姿勢が素晴らしいです。ついなんでも相談したくなりました。銀行員だったから細かい仕事をきちんとできるのも強みかと」

さ「銀行では間違えて金額が合わなかったらいつまでも帰れなかったので、それは当然でした。みんなできることだし、特別とは思いませんけど」

じ「いやいや、しっかりしていると思うよ。お茶代を割り勘にするときでも2回チェックしたりして、絶対にミスしないもんね」

さ「次郎さんはシステムのお仕事をしているからか、そういう他人の強みに気づいたり、分析力がすごいです。私が苦手なパソコンやインターネットについてもすごく詳しくて」

じ「いや、それは僕が普通なんですよ。さやかさんができなすぎるだけ」

さ「そんなことないって。そうだとしてもあんなにわかりやすく説明できる人、そんなにいないと思うもん」

フ「お二人とも良い気づきでしたね。強みというのは自分にとっては当たり前で、他の人にとってはそうでないものです。それは強みとしてカウントしても良さそうです」

じ「ふーん、そんなものなんですね」

フ「では、商品の話に入っていきましょうか。さやかさん、あなたはコーチングで誰の、どんな悩みを解決するのですか」

さ「先生、コーチングってちゃんと知ってます？　どんな人の、どんな悩みでも解決できるすごいパワフルな手法なんですよ」

フ「もちろん、よく理解していますよ。そのうえで『どんな人の、どんな悩みでも』というのは商品ではないんです。世の中には、そういう自称コーチがたくさんいますけどね」

さ「よくわかりません。どんな悩みでも解決できたら一番良いじゃないですか」

フ「それだと、世にあふれる自称コーチの中から、あなたが選ばれる理由がないでしょう。誰の、どんな悩みに対して、どんな価値を提供するか。それがあって初めて商品があると言えるんです」

さ「あっ、なるほどそういうことですか。選ばれる理由までないと商品がない、ということなんですね」

フ「はい。まあ、ないは少し言い過ぎかもしれませんが、ないも同然ということです」

じ「ちょっとちょっと、僕はどうしたらいいんですか。ないも同然どころか、文字どおり商品がないんですけど」

フ「今、お伝えしましたよ。誰の、どんな悩みに対して、どんな価値を提供するか。それを明確にしたものが商品です」

じ　「疲れた人に、おいしいお酒を・・・」

フ　「やっぱり居酒屋さんなんですか。もちろん本当にやりたいことであれば構いませんが。まあそれも含めて、次回までにあなたの強みを踏まえて、どんな商品でビジネスをするか、しっかり考えてきてください。それが宿題です」

さ　「うーん、誰の悩みを解決したいか、かあ」

フ　「はい、理想の顧客像を一人に絞り込むまで考え抜いてください。そういうの、ペルソナって言うんですけどね。ペルソナが何に悩んでいて、あなたがどう役に立てるか。ビジネスの本質ですね。楽しみにしています！」

第１節　ビジネスの全体像

「稼ぐ力」とは具体的にどんなものか

いよいよビジネスの具体的な内容に入っていきます。まず最初に押さえておきたいことは、「稼ぐ力」についてです。**サラリーマンと起業家の大きな違いは、マインドの差に加えて、この「稼ぐ力」があるかないかということ**です。

稼ぐ力は３つに分解することができます。それは、

稼ぐ力＝商品力×関係性構築力×情報発信力

です。それぞれが掛け算になっているので、どれか一つが高くてもダメです。ここでの数字は理解を助けるためのイメージにすぎませんが、商品力だけが１００で他が０より

は、それぞれの項目が50のほうが稼ぐ力は遥かに高くなる、という感じですね。もちろん、すべてが100であるに越したことはありません。

副業段階であればどれか一つから始めることで十分ですが、もしあなたが本気で安定して月100万円以上を稼ぐことを目指すなら、商品開発、関係性構築、情報発信のすべてに真剣に取り組む必要があります。

「商品力」

もう少し詳しく、各要素について説明していきます。まず**「商品力」**ですが、これはあなたの商品やサービスの競争力を示しています。起業をしている人でも、「商品がない」人は多くいます。これは、文字どおり商品が何もないという意味ではなくて、その人が商品だと思っているものに競争力がないという意味です。

例えば、「私はコーチです。私の商品はコーチングです。どんな人の悩みでも解決できます」という人に交流会などでよくお会いするのですが、これは典型的な「商品がない」状態です。現段階ではほとんど誰もこの「商品」を買ってはくれないでしょう。コーチングというのは技術であり、商品の「素材」でしかありません。

誰の、どんな悩みを解決できるのか、というところを明確にして初めて、商品らしくなってくるものです。短期的に結果を出すなら、価値の高い商品開発が必須であり、また最初にやるべきことになります。商品開発については、本章で詳しく説明します。

「関係性構築力」

次に**「関係性構築力」**です。せっかく良い商品があっても、その価値を目の前にいる人に伝えられなければ意味がありません。その商品に興味がある人がいたとしても、その説明を聞いてくれる状態にならなければ、やはり売れることはありません。価値が伝わっても、あなたからは買いたくないということもあり得るかもしれません。

約束を守るなど、人としての基本的な信用やコミュニケーション力は当然として、オンラインサロンなどのコミュニティを持って関係性を育てたり、セミナーを開催することで先生としてのポジションを確立し、個別相談で売り込まずに、自然な形での商品の販売をするという「技術」を学ぶ必要があります。これらは、あとの章で詳しくお伝えします。

「情報発信力」

最後に「情報発信力」です。仮にあなたが十分に競争力のある商品を持ち、目の前に対象となる人が来てくれさえすればすぐに売れる、という状態になっていたとしても、あなたやその商品のことを誰も知らなければ、やはり何も起こりません。誰もあなたのところには来ないからです。

大企業出身の士業の方などで「腕には自信がある。仕事さえあれば、実力を発揮するのに」というようなグチをこぼす方が多いのですが、これは本末転倒です。スモールビジネスにとっては情報発信が命なのであり、誰も知らない商品や売れないサービスは、ないのと一緒なのです。

従って、ブログなどのオウンド（自社）メディアをうまく活用して情報発信をしていくことは、ビジネスそのものであると言うことができるでしょう。独立をするような人はみなさんプライドが高く、何らかの専門分野の「職人」でありたいという気持ちがあるので、ここは苦手にしている人が多いのですが、それではいけません。

本書では冒頭の図（12ページ）にあるとおり、商品・セミナーといった短期的に結果を出せるところから始め、コミュニティ・情報発信といった長期的な取り組みについても順番にお伝えしていきます。すぐに結果が出ないといっても、やらないといつまでも結果は出ませんし、もしあなたが会社を辞めずに起業したのであれば、長期的な視点を持って取り組めることは圧倒的な強みですから、その強みを活かすため、**「商品力」「関係性構築力」「情報発信力」**の向上に最初から取り組むべきなのです。

第2節　ミッション・ビジョン

起業におけるミッション・ビジョンの重要性

具体的な商品開発の話に入る前に、ミッション・ビジョンという話をしましょう。ここは賛否両論あって、「起業には最初はミッションやビジョンはいらない」という意見をお持ちの方もいらっしゃると思います。その考え方には私も一部同意です。なくても目先のお金を稼ぐこと自体はできると思うからです。

例えば、あなたが「どうしても今月、30万円稼がないと子供にご飯を食べさせられない」という状態だとしたら、ミッション・ビジョンは後回しでも良いでしょう。すぐにやるべきこと、やらないといけないことが他にたくさんあるからです。手元にある商品らしきものを知り合いに売り込むしか方法がないかもしれません。その状況では、ミッション・ビジョンはやるべきことではありません。

ですので、短期的に最優先ではありませんが、長期的な視野で見ると、ビジネスを長く続けていくうえではミッション・ビジョンがしっかりしていることは必須、と言っても良いくらい大きな意味を持ちます。

まず、あなた自身の判断がぶれにくくなり、気持ちが長続きするようになります。長くやっていると必ず心が折れそうになったり、疲れて何もかもが面倒になったりすることはあるものです。そんなときでも**ミッション・ビジョンは、価値観を明確にするため判断の基準となり、原点に立ち返ることで気持ちを維持しやすくしてくれます。**

また、ビジネスは一人でやっていくものではありませんから、たとえ人を雇わないとしても、いずれはあなたも何らかの形でチームを持ちます。そのときにどういう人を引きつけるのかが、ミッション・ビジョンによって大きく左右されます。「じっくり話せばわかる」というのも事実なのですが、価値観が明文化されているとそのコミュニケーションが円滑にできるのです。

ミッション・ビジョンの重要性はなんとなくわかっていただけたかと思うのですが、具体化するとこうです。

【ミッションとは】

- **心の底から湧き上がる想い**
- **事業をする根源的な理由**
- **使命感を持ってやること**

【ビジョンとは】

- **理想の状態・風景・景色**
- **心に浮かぶ、将来の具体的なイメージ**
- **他の人と共有化して向かう目標**

「ミッション」

「ミッション」は、あなたがそもそもなぜビジネスをしているのか。もっと言えば何のために生きているのかという価値観の根幹に関わる問いの答えです。ちなみに私のミッションは「誰もが自由で、好奇心あふれる生き方ができる世界を創る」です。

このように世界を変えるというような大風呂敷を広げても良いですし、身の回りの人の役に立つというような地に足が着いたものでも構いません。あなた好みの表現を見つけてください。

「ビジョン」

「ビジョン」のほうは、より他人に伝えることを意識してください。私が運営するフラスコのビジョンは「10万人のコミュニティプラットフォーム」「『信用の器』の安全な実験室」を提供することです。

このビジョンを発表した当初は、「安田さんに興味があって参加したのに、プラットフォームを目指すのはなんか違う！」「人数にこだわらず、今いるメンバーの満足度にコミットするべきだ！」などの批判もありましたが、今はこの考え方に共鳴するメンバーが集まってくれるようになってきました。

逆に、価値観の合わない人は近づいて来なくなり、良い距離を置くことができるようになりました。ネガティブに感じるかもしれませんが、これは実は、貴重な時間やエネルギーの浪費を防ぎ、精神的にも疲れないので非常に価値の大きいことなのです。

このように、**会社やコミュニティといった組織を運営するうえでは、ミッションやビジョンは価値観の確認という「踏み絵」の役割を果たすこともあります。**1人でやるならともかく、いずれチームを持つならミッション・ビジョンはできるだけ早い段階で文章化しておいたほうが良いでしょう。

第3節　誰の役に立ちたいか

「誰」の対象を絞り込む

さて、それでは商品開発の話に入っていきましょう。まず考えるべきことは「誰の役に立ちたいか」です。ミッション・ビジョンとも大いに関係してきますね。

商品の開発と言うと、すぐに「自分には何ができるか」から考え始めてしまう人が多いのです。もちろんそれは最終的には検討すべき項目ですが、最初からそれを考えてしまうと思考が広がりません。「自分は◯◯士だから・・・」からスタートするのはやめて、発想を広げましょう。

逆に、「世界中の人を幸せにしたい」というように発想が拡散してしまう人もいます。これはこれで、何も言っていないに等しいので、本当に役に立ちたい相手を絞り込みましょう。どんなに対象を絞り込んでも、それ以外の人の役に立てないということではないので、ご安心ください。

ただ、人の役に立ちそうなことなら何でも良いのかというと、そういうわけではありません。例えば「お腹をすかせたアフリカの子供を救いたい」というような、顔の見えない対象も、本当にすぐにその国に行くとか、アフリカに毎月行っているなど特殊な状況にあれば別ですが、具体的な行動がイメージしづらいのであれば、まずは避けたほうが良いでしょう。

誰の役に立ちたいか、というところにはあなたの「原体験」が関係してきます。必ずしもそれが世界を変えるとか命に関わるような強烈な体験でなくても良いのです。私の場合はサラリーマンが合わずに苦労した体験が、同じような人を救いたいということでミッションやペルソナに強く影響を与えています。

このように「誰の役に立ちたいか」を考える際には、自分ができることに固執せず、「誰」

をできるだけ明確化することが重要なのですが、「誰」を明確化する方法は次から説明していきます。

「誰」を絞り込むなら「ペルソナ」が有効

誰の役に立ちたいかの絞り込みに役立つのが、「ペルソナ」という考え方です。これは、もともとは「仮面」という意味で、心理学の世界では「人間の外的側面」という意味で使われていたものが、マーケティングの世界で「理想の顧客像」という意味に転じた用語です。

以下のような項目を決めていき、一つの人格を形成します。私のペルソナは「35歳のときの自分」ですが、そのように実際に存在する（した）人物でも構いませんし、誰か知り合いに近い人物のイメージでも良いです。何人かの人格の合成、あるいはまったくの想像でも構いません。

・性別、年齢、仕事の内容

・年収、住んでいる場所
・家族構成
・よく口にする言葉、愛読書
・1日（休日）の過ごし方
・仕事や人生のゴール、課題
・メディアとの接し方
・名前

最終的には、ペルソナには名前もつけます。これはなぜかというと、そうすることで人格を想像することがよりやりやすくなり、想像上でペルソナとの対話ができるようになるからです。

実際にここまでやると、商品開発の際には良き「相談相手」が脳内にできることになります。「ペルソナが語りだす」という現象です。なんだかちょっと危ない感じがする話ですが、そうなると理想的ですので、ぜひそこまでやってみてください。

実際にやってみると、例えばペルソナを男性と決めてしまうことすら、可能性を削ってしまうような気がして怖いものです。しかし、ペルソナが男性だから女性がお客様にならないということではなく、あくまで「理想の顧客像」ですから勇気を持って決めていきましょう。ペルソナを作っていく過程で「年齢は35〜40歳」というように幅を持たせる意味はありません。35歳なら35歳と、決めましょう。

ペルソナの選定にはあなたの熱い「想い」が重要になります。ミッション・ビジョンとも関係する、あなたが本当に助けたい対象です。単に一番儲かりそうだから、という理由でペルソナを作るのではなく、その人の役に立つことであなたが本当にワクワクするもしくは興奮するペルソナを選びましょう。

第4節　理想の顧客は何に悩んでいるか

ペルソナが決まったら、そのペルソナが何に悩んでいるかについて考えましょう。これは、今のあなたが解決できるものに限りません。

これをすると、中には「頼れる◯◯士がいない」「従業員の給与システムを作りたい」というように自分に都合の良い悩みをでっちあげてしまう人がいて、お気持ちはわかるのですが、今やるべきことはそういうことではありません。ペルソナの本当の「人生の悩み」です。

できるだけたくさん、100個でも200個でも出しましょう。中には「死ぬのが怖い」とか「病気」などと、深刻だけれどあなたが医者でもなければどうしようもない悩みもあるかも知れません。そういうものも漏れなく、ピックアップしてください。**すっかり解決はできないまでも、やりようによっては何らかのお役に立てるお悩みは意外にいくつ**

もあるのではないでしょうか。

その悩みごとの中で、上位のものは何でしょうか。重要度が高い順番に、ピックアップしてください。あなたがお役に立てる中で、できるだけ上位の悩みにアプローチをしたほうが、価値が高いということになります。下位の悩みにアプローチしてはいけないということではありませんが、その場合には価値すなわち単価が低くなるということは、覚悟しておいてください。

ここまでやって、そのペルソナにとってあなたが役に立てることが特にないのであれば、そのペルソナに対する価値の高い商品を開発することは現時点では困難なのかもしれません。ペルソナを変えて、また考え直してみましょう。ここはまだ仮説を練り上げている段階なので、何回でもやり直せます。面倒に感じるかもしれませんが、走り出してから商品に価値がないことに気づくより、遥かに効率的なのです。

そのようなことはあまり多くはないのですが、もしどうしても技術や資格が足りなくて現時点ではお役に立てないということであれば、その技術や資格を得るためにどうすれば良いかを考えましょう。

それが本当にあなたの理想の顧客像であり、あなたが解決したい課題なのであれば、学ぶ価値はきっとあるでしょう。その場合でも、できれば完全に足を止めて勉強をするよりも、何かのお役に立ちながら学ぶとより良いでしょう。

第5節　どんな価値を提供するか

あなたがペルソナの、できれば上位の悩みを解決することができるか、もしくは何らかのお役に立てるのであれば、それはどんな方法でどのように解決されるのでしょうか。

話を聞いてアドバイスをすることで解決するなら、それはコンサルティングやコーチングですし、作業を手伝ってあげるのであれば作業代行です。施術をしたり、誰かを紹介したり、なんらかの仕組みを提供するのかもしれません。すぐに解決できることもあれば、ある程度の期間や時間が必要なこともあるでしょう。

そうです。**ペルソナの悩みに解決策を用意することが、つまり商品を開発するということなのです。**コンサルティングやコーチングも、対象（ペルソナ）と解決すべき悩みが明確でないうちは商品とは呼べません。この2つを徹底的に尖らせていくことで他とは差別化され、選ばれる理由ができてくるのです。

コーチングなら、「誰の、どんな課題も解決できる」では誰からも選ばれることはありません。しかし、例えば「地方に住んでいる若いママの、育児に追われて自分の時間がなく、精神的に追い込まれる」という悩みを解決するためのコーチングということであれば、商品になるかもしれません。妥当な価格も決まる（この場合はあまり高くならないかもしれませんが）でしょうし、提供方法も想像がつく（オンラインなど）でしょう。

今は情報が過剰な時代ですので、起業をするにあたって最初から複雑なビジネスモデルを考えようとする人も多いのですが、最初に考えるべきことは、こうしたできるだけシンプルな、いわば原始的商品をきちんと設計するのが良いでしょう。

かく言う私はフラスコというやや複雑な仕組みを提供しているのであまり強くは言えないのですが、それも「自分のようなまじめ過ぎるサラリーマンが、起業を目指すための安心・安全な学びの場を作りたい」というシンプルな発想からスタートしています。今でもこの根幹は、変わることがありません。

第6節　価格の決め方

妥当な価格を算出するには

提供する価値が決まれば、ほぼ商品はできたも同然なのですが、一つ大きな課題が残っています。それは、商品の価格です。

日本を代表する経営者である稲盛和夫さんが、「値決めは経営である」とおっしゃっている（『稲盛和夫の実学』日本経済新聞社）とおり、価格を決めることは経営を大きく左右するくらい影響が大きい意思決定です。経営そのものだとすら言えるので、起業家自らが全責任を持って、真剣に価格を決めなくてはいけません。

せっかく価値の高い商品も、低い価格をつけてしまえばその価格で取引されてしまいますし、お客様が感じられる価値を上回った価格をつけてしまった商品は売れません。低い価格で大量に売れれば良いように思うかもしれませんが、時間を使って提供するサービスが商品の場合には安売りによって目が回るほど忙しくなってしまうことも考えられます。そうなるとサービスの質が低下してクレームにつながりますし、最悪あなたが倒れてしまうかもしれません。

価格はあとから変更することもできますが、その際には結構なエネルギーを使うので、最初からできるだけ妥当な価格をつけたいものです。特に、あとから大した理由もなく値上げするのはたいへんですからね。

一般的に、商品の価格決定には以下の3つのアプローチがあります。

・原価ベース
・競合ベース
・価値ベース

「原価ベース」

まず**「原価ベース」**ですが、主にブランド力のない工業品などで採用されるアプローチです。その商品を開発し、生産し、流通させるためのコストを合計したものにある程度の利益を乗せ、価格を決めるという方法です。

「対人サービスなら関係がない」と思うかもしれませんが、そんなことはありません。「家族が生活していくために月50万円は欲しい、経費を考えると売上は60万円は必要で、同時にコンサルティングできるのは1ヶ月に10社が限界だから、1社あたりの料金は6万円にしよう」というのは原価ベースのアプローチです。できるだけ安く、たくさん売ろうと考えるとこんな発想になってしまうことでしょう。

「競合ベース」

次が**「競合ベース」**です。ライバルがどれくらいの価格で商品を提供しているかを調べ、それより少し安いか同じくらいの価格を設定することです。これは「税理士なら月3～5万円が、まあ相場かな」みたいな考え方ですね。根底には「そのサービスは誰がやってもあまり差が出ない」という前提がある場合に、採用されるアプローチです。

比べる相手が誰か、で相場も変わることに着目することが重要です。右の税理士の例だと「経理・財務担当の役員を雇うと月50万円はかかる。でも自分なら月２回の訪問で同じくらいの働きができるから月30万円なら安い」というような発想ですね。（参照『年間報酬３０００万円超えが10年続くコンサルタントの教科書』著：和仁 達也／かんき出版より）

「価値ベース」

最後に「価値ベース」です。お客様が、あなたのサービスによってどれだけの利益や効果を得るか、あるいはどれだけの苦痛から逃れられるかを評価し、妥当な価格を設定するという発想です。単純に言えば、あなたに１００万円を支払ってもその結果としてお客様の売上が５００万円増えるなら、安いのです。

あなたの商品によってお客様が感じる「人生の改善度合い」がすなわち、価値だと言えるでしょう。ペルソナにピッタリの人であればそれは最大になるはずです。仮に病気が治って健康になるとしたら、その価値は1億円にもなるかもしれません。

この3つの発想を行ったり来たりしながら、あなたの商品に妥当な価格を設定していきましょう。実は価格設定において、最後にものをいうのがマインドです。特に価値ベースの価格を設定した場合、それをお客様に伝えきることができるという自信が、最終的には価格を決めるのです。

そうは言っても最初は、そんなに高い価格をつけることは難しいでしょう。最初だけ割引して提供することは構いません。その場合には「期間限定のモニター価格」などとはっきりお伝えして、あとで値上げのタイミングでは「正規価格で提供を開始」することとすればスムーズに値上げが可能です。モニターのお客様からはアンケートなどの形で感想をいただくことも可能でしょう。それを公表させてもらうことを条件に、値引きをするのも良いでしょう。

第７節　高額商品の作り方

商品を高額化するための注意点

競争力のある商品ができたら、実績を作りつつ高額化していきましょう。ここではっきりさせておきたいのは、基礎となる**競争力のある商品がないのにいきなり高額商品を作るのは、詐欺だということ**です。ここをおろそかにして「とにかく最初から高額商品を作れば経営は安定します」というところだけを強調して伝える起業コンサルタントには、怒りすら覚えます。

高額商品は、掛け算で成り立ちます。基本の価値に期間やオプションというところを掛け算していって、高額化していくのです。元の商品の価値がゼロなら、何百倍してもゼロなんです。ここを絶対に、外さないようにしてください。それを踏まえ、高額化には以下の方法があります。

・**単価を引き上げる**
・**長期化する**
・**パッケージ化する**

「単価を引き上げる」

まず最初にやるべきことは**「単価を引き上げる」**です。掛け算のベースを上げるということですね。商品本来の価値よりも低い価格をつけていないか、よく考えるということです。当たり前のことのようですが、それだけ本来の価値を下回った価格で売っている商品が多いということです。「安すぎるって言われるんです」なんて嬉しそうにしている人がいますが、全然利益が取れずに薄利多売で疲れ切っていたりします。

商品が安いと、買う側にとっては短期的には良いことに思えるかもしれませんが、長期的な視点で見ると、適切な価格を支払ってサービス提供者にもメリットがある形で関係性を続けたほうが、提供者に金銭的・時間的な余裕が生まれてより良いサービスが受けられるようになって両者が繁栄していくというサイクルに入ります。適度な値上げはお客様にとってもメリットがあるということです。ですから、堂々と値上げをしましょう。

ただし、価格を引き上げる際には何らかの理由が必要です。と言っても既存のお客様には、「すみません、今までが安すぎました。実績が増えてきたので値上げさせてください」と素直にお伝えすれば良いのです。それで離れていく人もいるでしょうが、価値に自信があるなら気にしなくても大丈夫です。例え今のお客様は離れたとしても、すぐに新しいお客様が見つかります。

「長期化する」

単価が妥当な水準であるなら、次に検討するのは**「長期化」**です。今まで単発で提供してきたサービスを３ヶ月、６ヶ月、１年と長期で提供できないかを考えます。「私のサービスは質が良いので、１回で問題が全部解決してしまうんです」という人がいますが、それは本当でしょうか。お客様の悩みは、本当にそれで解決されたと言えるのでしょうか。

もし本当に１回で解決してしまうような悩みなら、それほど優先順位が高い悩みではなかったということなのかもしれません。例えば、散らかっている部屋の片付けは確かに1回で完了するのかもしれません。収納の方法などを仕組み化すれば、その後しばらくその部屋は散らかることもないのかもしれません。しかし、そのお客様が部屋を散らかしてしまったのはなぜでしょうか。何が問題の根本にあるか、考え抜いてください。

「パッケージ化する」

最後に、**「パッケージ化」**です。様々なオプションを組み合わせ、メニューとして提示します。例えば税理士さんが税務申告を代行したとしたら、経理の丸投げをした場合にはいくら、経営のアドバイスをしたらいくら、いざ税務調査のときの対策はいくら、ということをきちんと伝えて、高額化することです。

お客様のほうが申し出た内容によってその都度むにゃむにゃと計算して価格を提示していると、信頼感が薄れます。メニュー化することで提供する価値と価格が明確になり、お客様が気づいていなかった潜在的なニーズに対する解決も同時に提案ができるので、ついでにそれもやっておこうとごく自然な形で高額化ができるかもしれません。

ここも、表面的なニーズと本当の課題は違うのかもしれないと考えることで、追加サービスが発想できます。どんなサービスがあったら嬉しいか、こんなサービスがあったらどうかなどと、直接お客様に聞いてみるのも、手かもしれませんね。

最初は仮説でも良いので、3ヶ月〜1年、場合によっては何年もかけてでも、お客様の悩みを解決する。その具体的なやり方と手順、つまりメニューを考え抜き、提示しましょう。お客様がお金を支払うのはあなたのサービスにではなく、より良い未来が得られるという価値に対してなのです。それが実現できるとイメージできさえすれば、あなたとあなたの商品はきっと選ばれます。

パッケージ化された商品は、結果として高額になり得ます。それは、お客様にとってはそれがもっとも課題が解決されるイメージがしやすいので、価値を感じやすい形だからです。無理なく改善されると感じられるなめらかなステップを作り、それにあなたがお役に立ちながら寄り添っていきさえすれば良いのです。

COLUMN

【一人合宿で考え抜く】

年末年始や連休など、私は「一人合宿」という行事をします。たった一人で、ノートだけを持ってビジネスホテルなどにこもり、ただひたすら考えごとをする時間を確保するのです。期間は通常は1~2週間ですが、かつては1ヶ月間、人前から消えたこともありました。

ノートには、考えたことをすべて書きます。図表や一覧表にしたり、フセンなどのツールを使うこともありますが、多くは箇条書きです。例えば「ペルソナ」について、解決できる課題について、提供できる価値は、その価格は、高額化するならどうするか・・・といったテーマで思いつくことを次々に書き出していきます。

人間というのは自分で思っているほど賢くなくて、頭の中だけは大して複雑なことを考えることはできません。せいぜい「悩む」ことができるくらいで、悩んでいるときには同じような単語が3~5個くらい、くるくる回っているだけなのです。到底それは、考えているとは言えません。

ノートを使って、それらの単語を書き出していくだけでも脳の中に空きスペースが生まれ、本当の課題に気づいたり次の発想をすることができるようになります。なんとなく忙しくてイライラするなと思ったら、普段から持ち歩いているノートに書いてすっきりしたりもします。

普段はやるべきことに追われて忙しく、集中して考える時間はなかなか取れません。サラリーマン時代、そのことを痛感するできごとがありました。ある業務で、研修所に長いこと泊まり込む必要があったのですが、その際に偶然「一人合宿」状態を経験したことにより、視野がぱっと開けたのです。

私はビジネスの仕組みを考えるのも好きなのですが、「よくそんなことを考えつきましたね！」なんて言われるたびに「まあそれは、あれだけ長く考えてたら何かは考えつくよな・・・」と思ってしまいます。他人からはただ遊んでいるように見えるかもしれませんが、かける時間に対しての価値が、実はとても高いんですよね。

今年からは、毎月２～３日程度の「ミニ合宿」をしようと考えているくらいです。どんなに熱心に勧めても、一人合宿を実際にやってみたという声はいまだかつて聞きませんが、本当にお勧めです！

第4章

セミナーを開催する

ストーリー　セミナーなんてできるでしょうか？

都内某所のカフェ・フラスコと次郎、そしてさやかが向かい合っている。

フ「さあ、どんなことになりましたか？」
じ「シンプル過ぎてちょっとあれなんですけど・・・」
フ「はい、どれですか」
じ「インターネットに苦手意識のある起業家や経営者の人に向けて、環境構築のサポートをしてみようかと」
フ「おお、いいじゃないですか。ちなみにペルソナは、つまり理想の顧客は誰ですか」
じ「実家が自営業をしていて、帰省したときにパソコンの設定をすると感謝されるんです。だからペルソナとしては僕の父親の顔が浮かびました」
フ「うん、まだまだ荒削りですが、仮説としてはそれでいきましょう」
さ「私は事務代行ですね。銀行員時代に秘書課にいたことがあって、在宅で秘書業務ができたらいいかなって」

フ「秘書の経験は良いリソースですね。理想の顧客は誰ですか」

さ「バリバリ稼いでいるけれど、事務が苦手でスケジュール管理が大変なインフルエンサーの人ですね。ホリエモンさんみたいな」

フ「なるほど。イメージが明確なので、いいですね。それでいきましょう。お二人ともより詳細な商品設計は、個別にお話をすることとして今日は話を進めましょう」

じ「はい、まだ料金設定とかはできていないので、ご相談させてください」

フ「しましょう。で、商品ができたら次はセミナーを主催しましょう、というお話です」

じ「それなんですけど、自分で主催しないといけませんか？　セミナー講師の登録サイトとかもあるみたいですけど」

フ「経営者向けのビジネスなら、それも登録しておいたらいいですよ。ただその場合でも、自主開催のセミナーはやるべきです」

さ「それは、なぜですか」

フ「人に呼ばれて話すセミナーだと、テーマを自由に選べないからです。自分で開催するならそこは自由ですからね。本命商品を売るなら、自由が必要なんです」

じ「本命商品・・・でも自分のセミナーに何十人も人を集めるイメージができないんです

よね」

フ「顧客獲得型セミナーだったら、4人とか2人くらいの集客で十分です」

じ「こかくきゃく・・・セミナーってなんですか」

フ「はい、顧客獲得型セミナーは、セミナーに来てくれた人の中から本命商品を買ってもらうことを目的としたやり方です。フロントエンドとバックエンドなんて呼ぶこともありますが、セミナーがフロントエンドで主力サービスがバックエンドですね」

さ「でも私は人前で喋ったことなんてないから、セミナー講師はとても無理です。紹介で仕事をもらえるようにはなりませんか」

フ「紹介も一つの手段です。しかし人前で喋ることで専門家、先生としてのポジションを確立して、売り込むのではなくて教えるようになれば、無理なく価値を伝えられて、安定的にお仕事を得られます」

じ「僕は喋れなくもないけど、2時間とか一人で喋るほどのネタはないなあ」

フ「ネタは市販の本にだって書いてあります。ちょっとしたコツはいくつもありますが、大丈夫、商品作りと比べたら簡単にできますよ」

さ「うーん、そんなもんですかね。なんとなくできそうな気はしてきたけど」

フ「はい、そうと決まれば、セミナーのタイトルと日程を決めて、告知を開始しましょう。それが宿題です！」

じ「げっ、めちゃくちゃ早くないですか？　まだ商品も完璧じゃないのに」

フ「大切なのは実験です。仮説・検証のループを早く回す。それが成功への最短ルートです。うまくいかなくても失うものは何もないのですから、やりましょう！　起業とは恥ずかしさとの戦いなのです！」

さ「確かにちょっと恥ずかしいけど、とりあえず、やってみようかな」

じ「さやかさんがそう言うなら・・・。まあこれも実験か！　わかりました！」

第1節　セミナーは主催するべき

さて、商品ができたら、次にやるべきはセミナーの開催です。セミナーは主催すべきです。もちろん講師として人に呼ばれて話す機会があるのならそれも良いのですが、最初はそういう機会もないでしょうし、仮に呼ばれる機会があったとしてもそれとは別に、自ら主催するセミナーを持っておくべきです。

他の団体や人に呼ばれて講師をさせてもらえる機会はそれはそれで貴重ですが、テーマを決めるのは主催者なので、あなたが本当に伝えたいことをテーマに選べるかはわかりません。あなたの主力商品をお勧めしたり、参加者の方にメルマガを送ったりも許されないかもしれません。何より、開催のタイミングが読めません。ですので、少し手間はかかりますが自主開催をベースにすべきなのです。

もし、どうしても時間がなく、稼ぐために2つのことしかできないとしたら、やるべきことは商品開発とセミナーです。３つだったらせめて交流会には行きたいところですが、急いでやるべきことはオンラインサロンの構築や情報発信ではありません。何なら名刺も、ホームページすらいりません。小さく早く、セミナーをやりましょう。

もし、会社勤めの状態で起業をしているなら、オンラインサロンの構築や情報発信もきちんと進めながら、やはりセミナーもやりましょう。とにかくセミナーはやりましょう。

セミナーは対人サービスを前提としたスモールビジネスの根幹です。あなたのことやあなたの商品の価値を誰かに届けるには、これがベストの方法です。**売り込みではなく、お客様が興味のあることを教えてくれる先生という立場で、あなたのプレゼンテーションを聞いてもらう絶好の機会。それがセミナーです。**

人前で話すのが恥ずかしいとか、自分のセミナーを自分で集客するのは恥ずかしいという人もいますが、その恥ずかしさはできるだけ早く乗り越えてください。起業とは、恥ずかしさとの戦いです。

第2節　先生ポジションを確立する

逆転の発想―お客の立場で考える

逆の立場で考えてみましょう。あなたが何かを買うことを検討している立場だとして、誰かの紹介などでアポイントを取り、訪ねて来る人のことをどう思いますか。「この人は何かを売りたいんだろうな」と思いますよね。あまり興味のないものやサービスであればその人に会う前から、「どうやって断ろうかな」と考えているかもしれません。

会ってお話をしたところで、その人の実力のほどはよくわかりません。紹介者の方は「信用できる。実力もある」などと盛んに言っていましたが、ただその人と仲が良いだけでそう言っているだけかもしれません。1時間くらい雑談まじりの商談をしたとして、すぐにお仕事をお願いするのは、少し怖いなと感じると思います。

逆転の発想ーセミナー参加者の立場で考える

では、あなたがセミナーに参加する場合はどうでしょうか。「今日はこれを学んで帰ろう」という気持ちで、前向きに参加するはずです。セミナーではたっぷり2～3時間、その人の実績や実例を含めた話が聞けて、人柄もわかります。事前にある程度ウェブでも調査していますし、お願いしても良いかなという気持ちにはなりやすいと思います。

もっとも、強引に売り込んできて不快な気持ちになる「下手な」セミナーもありますし、何度もお付き合いで興味のないセミナーに参加している方は「どうやって断ろうかな」と考えるようにはなります。それでも、そういう方も本当に興味のあるセミナーに参加するときは違うはずです。

つまり視点を戻せば、**あなたがセミナーの講師になることで、「売りたい人」から「教えてくれる先生」へポジションを変えられるということが重要**なのです。このことにより、「売り込み」ではなくより純粋な「価値の提供」へシフトすることがごく自然に可能になるのです。

なお余談ですが、参加者の方から「先生」と呼ばれた場合にはそれをあえて「先生なんて、とんでもない」などと訂正する必要はありません。肩肘はらず、先生と呼ばれても恥ずかしくないような立ち居振る舞いをしておきましょう。

逆に、それで調子に乗ってしまうのも良くありません。士業でよくあるのですが、先生と口先では呼びながらまったく敬意が感じられない態度の経営者の人がいて、それでその「先生」が良い気分になって働かされてしまっているなんていう光景を目にすることがあります。あれは恥ずかしいですね。

第3節　顧客獲得型のセミナーで集客

一口にセミナーと言っても、大きく分けて2種類あります。

・情報提供型セミナー
・顧客獲得型セミナー

です。あなたが「セミナーをやるからには多くの人を集客しなくてはいけない」と思っているとしたらそれは、「情報提供型セミナー」のイメージです。偉い専門家や先生が来て、役に立つことを喋って参加者はそれをありがたく拝聴するという。あるいはそれはもうセミナーですらなく、「講演会」のようなものを想像しているかもしれませんね。

本書で扱うのは**「顧客獲得型セミナー」**です（参照『たった5人集めれば契約が取れる！顧客獲得セミナー成功法』著：遠藤章／ダイヤモンド社より）。

まず、商品には「フロントエンド商品」と「バックエンド商品」があるのはご存知でしょうか。今まで私達が開発してきたのはバックエンド商品です。価格は様々で、3万円だったり100万円だったりします。価値が高いために単価も高く、あなたが一番売りたいという本命の商品ですね。これに対してセミナーやイベントは、フロントエンド商品です。バックエンド商品を売る機会を作るための入口となる、買い求めやすい商品です。

情報提供型セミナーには多くの人が集まることもありますが、参加者はセミナーで得た情報で満足して帰ります。バックエンド商品がないか、あってもそれがあまり売れません。対して顧客獲得型セミナーはバックエンド商品を販売することを主要な目的としていて、多くの人数を集める必要はありません。

せいぜい6〜8名、むしろもっと少ない2〜4名くらいのほうがきめ細やかなケアができ、バックエンド商品に興味を持ってもらえる確率が高いので好ましいくらいです。

情報提供型セミナーの目的はセミナー自体の収益性と、セミナー参加者に満足してもらうことです。**顧客獲得型セミナーの目的は参加者の課題を明確にして、買うならあなたからという信頼を得つつ、あなたの商品に興味を持ってもらうことです。**

自分でセミナーを主催するべきというのもここに一つのポイントがあります。他の人に頼まれてセミナーをやっているとどうしてもその場の満足度を重視してしまい、「情報提供型セミナー」のやり方がクセになってしまうのです。自前のセミナーで「顧客獲得型セミナー」をしっかり練習して確立させておけば、呼ばれたときにも応用が効くようになります。

第4節　コンテンツは本に書いてある

本から情報を取集する

これだけセミナーの価値をお伝えしても、「いやいや、私にはお金をいただいて人前で喋るほどのネタがないんです」とおっしゃる方が多いです。商品がないなら仕方ないですが、誰かに届けるべき価値のある商品を持っているのであれば、ネタつまりコンテンツなんて買ってくれれば良いのです。そう、本屋さんに行きましょう。

コンテンツ自体には、数千円の価値しかありません。本屋さんに行けば、いくらでもセミナーで話せるレベルのコンテンツを見つけられます。あなたのオリジナルの知識でなくても構いません。そもそもオリジナルの知識なんてあるはずがないのです。量子力学のような複雑な考え方はもちろん、1＋1＝2というシンプルなことですら、私が考えついたアイデアではありませんよね。

いろんなところからアイデアを集め、あなたらしく統合したものが、あなたのコンテンツになります。素材は本から得たものであっても、それを組み合わせる過程でどうしてもあなたらしいものになりますし、最終的にそこに届けたい価値が乗っていれば、オリジナリティは十分です。

あなたの経験やセミナーから情報を取集する

あなたが生きてきた人生を振り返っても、ネタは山のようにあるはずです。別にエベレストに登ったというような特別な体験である必要はありません。周りの方とのふとした関わりや、お仕事で苦労してそれを乗り越えた経験、カフェで聞いた隣の席の会話、昨日見たテレビからですらネタは見つかります。

このあたりは情報発信とも同じなのですが、普段からセミナーで使えるネタはないか、と探すようになれば見つかるものです。身も蓋もない言い方ですが、単に慣れの問題です。どうしても自信がなければ、他の人のセミナーをいくつか聞きに行きましょう。圧倒的に深い内容、と感じるよりも「ああ、こんなものか」と感じることが多いはずですし、ネタそのものもいくつも見つかるはずですよ。

繰り返しますが、コンテンツ自体には数千円の価値しかありません。それでも私が、ときには数十万円もする高額セミナーを受講することがあるのは、講師の先生の「息遣い」を受け取るためです。コンテンツそのものではなく、それを骨の髄まで深く理解し、実践している人にこそ価値があるのです。あなたも私も、そういう人を目指しましょう。

第５節　セミナーで伝えるべきこと

セミナーはあなたのバックエンド商品を買ってもらうための、いわば「試食」なのですが、だからといって「この先は買ってくれた人にしか教えません」「お金を払って、やればわかります」などと情報の出し惜しみをしてはいけません。これはセミナーだけでなく、ブログやメルマガでもそうですし、あなたが本を書くときも同じです。

私も、この本を手にとっていただいているあなたがどんな方かがわからないのと、媒体や紙幅の限界はありますが、持っている知識やノウハウはすべて詰め込んでいます。この本を読むだけで、あなたが行動できるならそれが一番良いと思いながら。それでも、「直接話を聴いてみたい」とか「安田がどんな人か会ってみたい」と感じていただける方は必ずいらっしゃいます。そういうものなのです。

持っている情報は惜しみなく、すべてお伝えするようにしましょう。そうすると「セミナーだけで満足してしまって、バックエンド商品を買ってくれないのでは」という心配をする人がいますが、その心配は無用です。むしろ、2時間のセミナーだけでその方の悩みが解決するなら、それは素晴らしいことです。そもそも、それは大した悩みではなかったということではないでしょうか。もっとあなたがエネルギーを注いで、ある程度の期間ともに行動することでしか解決できない悩みに、アプローチすべきです。

逆に言えば、セミナーではその方が持っているであろう悩みにフォーカスし、それを顕在化させ、その悩みに対してあなたがお役に立てるということの根拠をきちんとお伝えすれば良いのです。

多くの人数を集客する必要がないのですから、**セミナーの内容は奇をてらう必要はありません。あくまであなたが助けたいペルソナが興味を持ち、あなたが解決できる悩みを持った人だけが集まってくれる内容を、ストレートにお伝えしましょう。**そんなセミナーを作りさえすれば（もちろん情報発信はきちんとしたうえで）、興味を持たない人やセミナーだけ聞いて満足する人は、あなたのお客様ではないのです。

第6節　個別相談を設定する

個別相談とは

セミナーを主催したら、個別相談の設定は必須です。セミナー中に直接バックエンド商品を売り込んでも、うまくいきません。ただ、セミナー中にはあなたが信頼できる人であることが伝わり、あなたの商品の価値が理解され、サービス内容や価格などの説明が終わっている状態になっています。

個別相談は、「お客様の課題を明確にする場」です。もっと生々しく言うならば、その場であなたのバックエンド商品を買う決心をしていただきます。クロージング、なんていう言葉もありますが、なんか言葉がえげつないですよね。と言っても、セミナーに参加してわざわざ個別相談まで来てくれる方は、あなたから買っても良いかなと多かれ少なかれ思っている状態なので、強引に売り込む必要はありません。

個別相談の役割

あなたのサービスを受けるイメージをより高めていただいたり、不安を取り除くための場が個別相談です。ここまできちんと積み上げてきたなら、「どうしますか？」と確認するだけで大丈夫です。断られてから必死に追いかける人もいますが、多くの場合は無駄なのでやめましょう。断る理由はセミナーと、個別相談の前半ですべて解消しておくのです。それでもダメならその人は今、あなたの商品を必要としていないということです。

実際には、個別相談に行ってみたら強引に売り込まれ、契約するまで帰れない雰囲気になったという経験は、私にもあります。しかしそれは、やり方が下手なのです。ここで売り込む必要があるということは、セミナーを始めとするそれまでのプロセスがうまくいっていないということです。

そもそも人は、売り込まれたら本能的にガードを固めます。押せば押すほど、遠くに行ってしまうのです。例えて言えば「馬を川の近くまで連れて行くことはできますが、飲みたくもない水を飲ませることはできない」のです。一流のセールスマンは聞き上手、なんていう話があると思いますが、それはそのとおりで、あとの章で詳しく説明します。

セミナー後の個別相談を有料で提供する人もいますが、私は無料で良いと思います。あなたは何かの専門家なので、普段は基本的には無料での相談に乗ってはいけません。ただ、セミナー参加者の方だけの特典として、あなたの主力商品に興味がある場合に限り、無料でご相談を受けますよ、ということをきちんと説明しておきましょう。

会議室一覧

名称	特徴	エリア	サイト
アットビジネスセンター	少人数にも対応。好立地の会議室をリーズナブルな価格で使える	東京、横浜、大阪	https://abc-kaigishitsu.com/
貸会議室マイスペース	株式会社銀座ルノアールが展開する貸会議室。飲み物代+αで使える	東京、横浜	https://www.ginza-renoir.co.jp/myspace/myspace/
スペイシー	格安会議室を探すなら。	全国	https://www.spacee.jp/
SPACEMARKET	格安会議室を探すなら。掲載数日本一。	全国	https://www.spacemarket.com/
TKP貸会議室ネット	大きめのセミナーをするなら。グレードが高く、価格はやや高め	全国	https://www.kashikaigishitsu.net/

カフェの一覧

名称	特徴	エリア	サイト
Caffice	全席電源完備。予約も可能。混雑時は2時間制になることもあるので注意	新宿	http://caffice.jp/
カフェインスクエア	コワーキングスペースとしても使え、夜はイベントスペースとして貸切も可能	池袋	https://www.cafe-insquare.jp/
喫茶室ルノアール	ゆったりと落ち着いたスペースで、お茶会程度ならイベント等にも寛容	東京、横浜	https://www.ginza-renoir.co.jp/renoir/
スタバ、タリーズ等	チェーン店は打ち合わせ程度なら良いが、スペースも限られるのでお茶会にはお勧めしない。地方の大型店なら良いかも（下見必須）	全国	—
各ホテルのラウンジ	飲み物代は高いが、お茶会を開催するならむしろ無難。混雑時は入れないことも多い	全国	—

COLUMN

【時間の生み出し方】

私はフラスコを運営する中で毎日のようにイベントを主催していて、様々な交流会やイベントに出席したりしつつ、ブログ・メルマガを週に5〜6回発行しています。かつこうして2冊めの本も書いていて、年に2冊以上の本を出版したいと考えています。今年はフラスコの全国展開も大きな課題です。

ではすごく忙しい生活をしているのかというと、そんなことはありません。睡眠は7〜8時間は確保していますし、いつもカフェでのんびりしたり昼寝をしたりして、ほとんどストレスのない生活をしています。これは、サラリーマン時代にあまりに忙しかったことから時間術に興味を持ち始め、それ以来、あらゆるライフハックを試して時間を生み出す努力をしているからです。

スマホはもちろん、ノートやフセンを使って独自のスケジュール管理をしていますし、ポモドーロ・テクニックといってタイマーを使って25分間集中したら5分間休憩するやり方も取り入れています。これだけでいつか、1冊本を書けるのではないかと思うくらいです。

あとはすぐに役立つところだと、人に会う予定を今日と明日に2件ずつ、というように分散させるのではなくて、同じ日に4件というように詰め込むことも有効です。こうすると、その前後1日はまとまった時間ができて、文章を書く仕事に集中できます。人に会って交渉をするのと書きものをするのでは頭の使い方が違うので、切り替えて集中できるまでに時間がかかる感じがするんです。

より本質的には、何を捨てるかが重要です。交流会は本書でもお勧めしていますし起業当初は有効でしたが、そろそろ大幅に減らしていき、お付き合いのイベント参加もぎりぎりまで削っています。八方美人では際限なく時間を失ってしまいます。一方で情報発信の時間を増やそうと考えています。得意なことに集中し、「やらないことを決める」ことが、時間を生み出します。真剣に考えるべきところですね。

第5章

集客とセールス

ストーリー　セールスってやつが苦手です

都内某所のカフェ。フランスコと次郎、そしてさやかが向かい合っている。

フ「さてさて、個別でお話をした内容を含め、どうなったか共有化してください」

じ「はい、経営者向けのビジネス環境構築サービスを提供します。プログラミングとかパッケージの販売ではなくて、世の中にあるツールを使ってビジネスに必要な最低限の環境を整える、というのがコンセプトです」

フ「はい、だいぶわかりやすくなりましたね。バックエンドとしてはコンサルティング、いずれはより深い部分のシステム開発まで受けられるようになるでしょう」

じ「それで、経営者向けのセミナーを作ることにしました。題して『インターネットが苦手な社長のための、無料ソフトだけで始める！集客！経理！事務！会社のすべての仕組みを整えるセミナー』です」

フ「はい、まだ改善の余地はありますが、まずはそれで集客してみましょう」

さ「私はリモート秘書・事務代行サービスです。セミナーは『インフルエンサーなら誰でも知っている！面倒な事務やスケジュール管理とさよならする方法』です。特典として2時間無料の体験サービスをつけます」

フ「オーケー、いいでしょう。これもまだ荒削りですが、それを基に話を進めましょう」

さ「これなら、私でも話せる気がします。」

じ「こんな簡単な内容でいいのかなという気はしますが」

フ「得意なことは、あなたにとってはすごく簡単だけれども、他の人から見たらそうではないことです。お二人ともこの内容は、苦手な人にとっては当たり前ではありませんよ」

じ「そんなものでしょうか。まあ、やってみましょう」

フ「その意気です。やってみないことには、反応もわかりませんからね」

さ「でも、セミナーにどうやって来てもらったらいいのかわかりません」

じ「それもそうだし、来てもらってもサービスを買ってくれるイメージができないな」

フ「顧客獲得型のセミナーでは最初は2名も集客できればいいわけですから、知り合いに声がけをするところからやっていきましょう」

さ「ちょっと恥ずかしいというか、迷惑じゃないですかね」

フ「それはあなたのサービスやセミナーに自信がないからそう思うんです。役に立つ情報をお伝えするのであれば、親しい人ほど最初に声がけしたいと思うはずですよね」

じ「確かに、それはそうですね。でもやっぱり、自信がないんですよ、実際」

フ「そうですね。だからマインドが大切なのですが、そうは言ってもまだ提供したこともないサービスに対して自信を持てと言ってもそれは無理な話でしょう。最初のころは実績作りと割り切ったほうがいいでしょう」

さ「少し安くしてもいいのかな」

フ「同じサービスを単に安く提供してしまうと、あとから値上げするのはたいへんです。モニター価格、とか最初の3ヶ月限定、とか理由をつけて安くするのはアリです」

じ「なるほど、最初は少し割引したほうが気が楽だな」

フ「できればサービスを使った感想、声をもらうようにしてください。サイトに掲載して、次の集客に役立ちますからね。声をいただくことを条件に、安く提供するということです」

じ「バックエンドを売るのはセミナーの中ですか?」

フ「いいえ、セミナーは先生ポジションを確立することに専念してください。クロージングは個別相談で実施します。ここでも決して売り込まむのではなく、お役に立つというスタンスを忘れずに」

さ「うーん、まだ自信がありません。セミナーは3ヶ月後くらいではダメですか」

フ「3ヶ月経ったら、何か変わりますか？　きっと3ヶ月後には、あと1ヶ月延期したい気持ちになるはずです。明日にでも、とは言いませんが、来月にはやりましょう」

さ「来月かあ・・・わかりました！」

じ「どんな達人にも、初めてはありますからね。早く始めたほうがいい気がしてきました」

フ「はい、セミナーには様々なテクニックがありますが、やったことがない状態でそれを学んでもあまり活かせないでしょうから、まずはやってみることです」

じ「今回は宿題は・・・」

フ「なしです。セミナーに集中してください！」

じ「やったー！」

さ「次郎さん、小学生みたい」

フ「あはは、次回の報告を楽しみにしていますよ！」

第1節　セミナーには4人集まれば十分

「売り込む」のではなくて「価値を届ける」

起業家の中にも、集客が苦手、もしくはセールスが苦手という人は多くいます。しかし、自分でビジネスをするなら集客とセールスは避けて通れません。なぜなら、集客とセールスはビジネスそのものだからです。お客様に価値を届ける行為がビジネスなのですから、それをあなたが持っているだけでは意味がないのです。「売り込む」のではなくて「価値を届ける」、というように考え方を変えていくことが大切です。

顧客獲得型セミナーでは、申込につながらなくては意味がない

さて、前の章でお伝えしましたが、あなたがこれから実施するセミナーは顧客獲得型のセミナーであるはずです。そうであるなら、多くの参加者を集める必要はありません。せいぜい8人まで、私の場合は4人までが望ましいと考えていて、それどころかせっかく来

てくれた人にきちんと価値を届ける、つまり商品が売れる確率を考えるとベストは1人か2人かもしれません。

セミナーに20人集めたところで、結果として1〜2件しか売れないのであれば、むしろ4〜5回に分けることを検討します。きちんとしたバックエンド商品があって、4人でも2件、20人でも2件という結果が予想されるなら、そのほうが良いわけです。つまり、「セミナーに多くの人が来てくれたら成功」というのはあなたの思い込みというわけです。

参加人数をいたずらに多くしようとすると、声をかける相手のターゲット層が広くなりすぎて、お付き合いでの参加者も増えます。あなたの商品にまったく興味がない人が参加すると悪い意味でセミナーの緊張感がなくなり、本来のお客様になってくれるはずだった参加者からの申込につながらなくなってしまいます。

つまり、**顧客獲得型のセミナーではあなたのペルソナに近い人が1〜4人、参加してくれれば良い**ということです。0人だったらどうするか、そのときはせっかく予約した場所を活用して、セミナーのリハーサルをするなり動画を撮るなり、集中して作業するなりしましょう。転んでもただではおきない、メンタルの強さが大切です。セミナーに誰も来ないなんてことは普通によくあるので、失敗とすら言えませんが。

なお、お気づきかもしれませんが、本書には「事業計画」という項目はありません。私は金融機関にいて融資の仕事をしていたのでそこはプロなのですが、スモールビジネスで起業をした当初の緻密な事業計画に、あまり意味がないと考えています。まだデータが揃っていないので、計画に現実味がないからです。

それよりはどうありたいか、どういう人生を行きたいかという人生計画をしっかり考えたほうが良いでしょう。そのうえで、当面月60万円売り上げたい、20万円のセミナーを月3件販売する必要があって、だったらセミナーは何回開催して何人集めたら良いのかな、というくらいのざっくりしたことは、考えておきましょう。仮説、ですね。

第2節　知り合いへの声掛けと交流会

まずは知り合いに声を掛けることから始めよう

集客をするなら、SNSや広告よりも前に、やることがあります。それは、知り合いに声掛けすることです。知り合いというのは文字どおりお友達、という意味もあります。こう言うとあなたは「えっ、友達に声を掛けるんですか？」と嫌な顔をするかもしれませんが、そのお友達のお役に立てる商品をあなたが持っているのであれば、声を掛けない理由は何かあるでしょうか。

私も起業当初はそういう感覚がありましたから、お気持ちはよくわかります。しかし、心のどこかで「集客やセールスというのは、相手に迷惑をかけることだ」と思っているから、できれば知らない人に来て欲しいと思うわけです。ところがよく考えるとわかることなのですが、まずはお**友達にすら来てもらえないようなセミナーに、見ず知らずの人がわ**

ざわざ来てくれるはずはないでしょう。

先ほど、お付き合いでの参加者が良くないようなことを書きましたが、それは本格的に商品を売る段階での話です。義理でも何でも良いのでまずはお友達に来てもらって、セミナー開催の実績を積み重ねていきましょう。人前で一通り話し切るだけでも良い経験になりますし、思いがけず有益なアドバイスを貰えるかもしれませんよ。

「知り合い」は交流会から見つけよう

現時点では声掛けできるお相手はそれほど多くないはずなので、すぐに連絡先がなくなってしまいます。そうなったら、できればそうなる前に、交流会などの知り合いを増やす場を積極的に活用しましょう。

「交流会は売り込みをする人ばかりでイヤ」ですよね。はい、わかります。私もそう思っていました。しかし、交流会は集客やセールスの武者修行の場と考えてください。最初は確かに他人に売り込まれて嫌な気持ちをするだけで終わるかもしれませんが、それはあなたの交流会スキルが不足しているだけのことです。

慣れてくると、その場に何人かいる有益な人とつながり、何人か見込み客とつながり、強引な売り込みからはするりと身をかわす、そんなスキルが身につきます。私は最初、交流会が苦手で仕方なかったのですが、何十回何百回と参加するうちに、今では名刺交換の瞬間にこの人とつながるべきか、それともさらりとかわすべきか、すぐにわかるだけの名人芸を身につけました（笑）。

実はこれ、何でもそうなんです。「〇〇が苦手」というのは思い込みで、単なる練習不足だったりします。やったことがないからどうやったら良いかわからない、ということを苦手と表現して避け続けていると、いつまでもできるようにならないんですね。

せっかく起業をしたからには、いずれは苦手なことを人に任せて得意なことに集中すべきですが、思い込みを避けるためには何でも一通りは自分でやってみてから、人に任せることをお勧めします。

第3節　イベントは実験

スモールビジネスで成果を出すための最短経路は、商品を作ってセミナーを開催することです。しかし、いきなりセミナーをするのはハードルが高いと感じる人も多くいます。そんなときは、**まずはランチ会やお茶会、飲み会を開催してみることをお勧めします。ペルソナが参加しそうなイベントは何かな、と考えて実験してみることは有益です。**

そうやって人を集めて、お金を受け取るイメージができたら、次は勉強会や他の講師を呼んでのセミナーを主催するなど、少しずつレベルアップしていくというやり方です。他の人のイベントやセミナーに参加してみるのも、自分が主催することをイメージして体験する感覚ならば、得られるものは多くなるでしょう。

イベントやセミナーは、最初からうまくいくわけではありません。実験だという感覚を持ち、たかが人が集まらなかったくらいのことで一喜一憂して落ち込んだりはしないことです。貴重なデータが得られた、次はどの条件を変えて実験してみようか、と楽しむくらいの気持ちがあると良いでしょう。その回は諸事情でたまたま参加者がいなかっただけかもしれないのですから。長く続けると、良い結果も出やすくなります。

私も今ではこんな本を書くくらいには経験を積んできて、また様々な起業の相談にも乗ってきましたが、自分のイベントに思ったほど人が集まらなくてがっかりしたり、セミナーで商品が売れなくて虚しい気持ちになったりすることは今でもあります。それでも、そういう事象は確率論であり、一定の割合で起こることがわかっていますから長く気にすることはありません。

ただ、その確率はどうすれば改善されるか、やれることを全部やったか、もっと他に打ち手はないかということは絶え間なく考えています。同じショックを受けたとしても、ただ単に落ち込んでいるだけの「悩む」時間は無駄ですが、具体的な改善点を検討して次に活かすための「考える」時間は大切です。イベントやセミナーは、市場からデータを取るための実験、そんな感覚で取り組むのが良いと思います。

第4節　断られることを恐れない

集客のときに大切なのは、声掛けは実験であり、結果はあくまで確率論なのだという感覚です。声掛けをしてお断りされても、あまり気にする必要はありません。

こんなことを言うと「いや、相手は人間なのだから、そんな考えはどうかと思う」などと反論する人もいます。もちろんお相手の気持ちに配慮することは大切です。返信もない状態なのに、構わず毎日のようにイベントのお誘いを送ったら、それは迷惑だからダメでしょう。また商品に価値がなく、騙してお金を巻き上げようとしているならとんでもない話です。

実際、顔と名前も思い出せないような相手からごりごりとメッセージや電話が来て嫌な気持ちになることは私にもあります。そこはある程度、常識的な距離感は保って欲しいなとは思います。そのあたり、一定の常識や人間力は必要になることは事実です。やはり、そういう不快感を与える人は結果としては成功しませんし。

しかし、その人のお役に立てるであろう商品を開発し、その価値を届けるためのセミナーやイベントへのお誘いなのであれば、基本的には善意なのです。結果として「迷惑だ」と感じてしまう人はいるかもしれませんが、それはタイミングが悪かったり、こちらの気持ちが通じなかったというだけのことで、決して迷惑行為をしたわけではないのです。

セミナー集客やセールスの場面で「売り込む」、と考えるからたいへんなのです。セールスとは価値を届けることであり、集客はそのための打診です。断られてしまったら、ああ今はタイミングが悪かったな、すぐにお役に立てずに残念だな、というくらいで気にしないことです。

第5節　セルフイメージの高め方

セールスの極意はセルフイメージ、つまり自信です。あなたの周りにも、それほどイケメンや美人でもないのになぜかモテているという人はいるでしょう。お金があるからとか高学歴だとか一流の会社に勤めているからとか、そういうことを言いたくなるでしょうけれどそれは違います。モテるのは、その人が自信にあふれているからです。お金や学歴・仕事といったものはその自信の根拠にすぎません。

セールスの世界でも同じです。おどおどして不安げな態度の人からは、どんな商品でも買いたくはありませんよね。お金を出すこちらのほうにリスクはあるわけですから、怖くなってしまいます。反対に、堂々と自信にあふれている人が勧める商品は、とても良く見えます。変な話ですが、詐欺師も例外なく堂々とした態度を取ります。ぱっとみて怪しいと、詐欺師の商売はあがったりなんです。

あなたの商品が売れるかどうかは、あなたが自信を持ってそれをお客様に勧められるかということで決まります。適切かどうかはわかりませんが、詐欺師の例でも明らかなように、商品の良し悪しはともかく、あなたが自信を持って勧めたらそれは売れてしまうのです。極論としては、売るだけなら、あなたが自信を持ちさえすれば良いのです。

ただ、商品が悪かったらその後、お客様とはトラブルになりますのであなたが自信を持ち続けることは難しくなるでしょう。逆に言えば、商品が良くて価値があるとお客様に感じていただけたら、あなたの自信は高まっていくことでしょう。感謝の言葉をいただくほど自信になることは、他にありませんから。

なので、最初は虚勢でも堂々と振る舞うしか手はないのですが、最初はモニター価格ということで多少値引きをしてでもあなたの商品を何人かの人に体験してもらい、実績を積むことです。役に立てるという確信が、あなたの自信になりセールス力につながります。そしてますます売れて実績が増えるという、良い循環が始まるのです。

COLUMN

【ランチキャンペーン】

効率的なセールスのやり方としてお勧めしたいのが、私が過去に実施した「ランチキャンペーン」です。

フラスコという私がやっているコミュニティの仕組みがあるのですが、最初はメンバーも少なく実績もなく、なんだか怪しいので誰も話を聞いてくれなかったんです。説明さえ聞いてくれたら、とても良い仕組みなのでみんな会員になってくれるのに、と困りきった私が窮余の一策として始めたのがこのランチキャンペーンです。

やり方は一見とても簡単で、フラスコに興味がありそうな人にランチを奢るだけです。奢ってもらうのではなくて、私が奢ります。それでいて、ランチの席では雑談ばかりしていて、売り込んだりは一切しません。そうすると、どうなるか。人間には「返報性の法則」という心理があるので、一方的に利益を提供されると落ち着かなくなります。

ランチが終わってコーヒーを飲むくらいのタイミングで大体、「安田さん、今日は何かお話があるんでしょ」と説明を促されます。そうしたらしめたもので、ここではじめて資料を取り出し、フラスコの仕組みについて説明をします。するとかなりの確率で「なるほど、それはおもしろい。入ります。高いランチになったなあ」ということになります。

フラスコのメンバーを100人にまで持っていった原動力は、ほぼこのランチキャンペーンです。もちろんこれもただ漠然とランチを食べていて売れてしまうということはなく、場数を経験して私が体得した様々なテクニックを使ってはいます。興味のある方にはお伝えするので、私に会うことがあったら聞いてください。

良かったのは単なるお客様、ではなくてパートナーとして一緒にフラスコを育てていただいている方々と、このランチキャンペーンを通じて出会えたということです。最初から仕組みに頼ったやり方をしていたら、今のフラスコはないかもしれません。

ランチキャンペーンは特に教わったりはしなくても、100人くらいにランチを奢っているうちに、できるようになるとは思います。セールスの場面においてとても効果的なやり方なのですが、なかなか実際にやってみる人、いないんですよね。

第6章

オンラインサロンを持つ

ストーリー　コミュニティの時代って本当ですか？

都内某所のカフェ。フラスコと次郎、そしてさやかが向かい合っている。

フ「さあ、セミナーを実施してみて、どうでしたか」

さ「先生！　知り合い2名に来てもらって、そのうち1名からモニターサービスの申し込みをいただきました！」

フ「おお、それはすごいですね。実際にサービスを提供してみると、商品やセミナーの改善点がはっきりするはずです」

じ「僕は知り合いを中心に3人の参加者でした。バックエンドは売れなかったのですが、そのうち1人の社長さんからは今度、もう少し詳しく聞かせてくれと言われています」

フ「それもすごい。どんなことでお悩みか、じっくり聞いてくるといいでしょう。もしかしたら・・・もあるかもしれませんよ」

さ「なんだか、ほっとしました」

じ「セミナーで喋ってみて、自信がつきました」

フ「そうでしょう。案ずるより生むが易し、ですよ。ここで油断せず、同じ内容で結構ですので少なくとも月1回はセミナーをやっていきましょう。毎週やってもいいですよ」

じ「同じ内容ですか。ちょっと上級編に進化させたいんですけど」

フ「上級編にしてはいけません。進化させるなら、よりわかりやすい方向にです。顧客獲得型セミナーは、毎回違う人に来てもらうわけですから、同じ内容がいいのです」

さ「そうか、同じ人に来てもらうわけじゃないんですね」

フ「はい、同じ人が対象なら違う内容が必要ですが、違う人が対象なら同じ内容でいい、ということです。上級編にしてしまうと、新しく来た人が理解できないです」

じ「そうか、何回か同じ内容でやって、そのうち上級編をやってみようかな」

フ「そうですね、今のセミナーの参加者が積み重なってきたら、参加者限定でそういうのもやってみてもいいでしょう。さて、セミナーの話しはこのくらいにしておいて、今回はオンラインサロンがテーマです」

さ「オンラインサロンって、なんだか怪しい」

フ「そのように思ってしまう人も、まだまだいるでしょう。しかしオンラインサロンはとてもシンプルで、単に『有料課金のコミュニティ』というだけのことです」

さ「コミュニティは人の集まりのことですよね。大切なのは、なんとなくわかります」

じ「それを主催するということですか。何のためにですか？」

フ「様々な使い方ができますが、ビジネスならまず一つはバックエンドサービスを購入してくれた方のアフターケア、もう一つは今すぐ必要でない人のための受け皿です」

じ「うーん、でもコミュニティなんて持ってしまうと、人間関係とかややこしそう」

フ「それは思い込みです。もちろんやり方にもよりますが、オンラインサロンを持つことで売り込む必要がなくなりますし、むしろ人間関係を良好に構築しやすくなります」

さ「それこそインターネットに詳しくないと、運営できないのでは？」

フ「全然、簡単です。オンラインという言葉は名ばかりで、オンラインを使うのはクレジットカード決済くらいですね。あとはリアルなイベントやセミナーの定期開催を中心に、運営すれば大丈夫です」

じ「月額課金だと、収入は安定しそうですね」

フ「はい、オンラインサロンは収入が安定するストック型なので、メンバーが増えてくると収入が安定して、心の余裕が生まれます。それで売り込みをする必要が減って、ますます売れていく、という好循環になります」

じ「ある程度、成功してから持つものかなという気がしますが」

フ「確かに成功者はみんな、何らかの形でコミュニティを持っています。しかしそれは成功してから持ったものではなく、初期からじっくり育てて、それによって成功したという順番なんですよ」

さ「そう言われると、なんだか持っておいてもいいような気もしてきました」

じ「これもあれでしょ」

フ「そう、すべては・・・」

さ&じ「実験！」

フ「そういうことです。さて、より具体的なやり方をお伝えしていきますが、次回までにオンラインサロンを立ち上げておいてください」

じ「展開が早くて目が回りますが、でも不思議と1回やってみたあとのことはよく理解できるんですよね」

さ「それは思った。やる前に不安だって言っている時間って、実はムダなのかも」

フ「そう、考えることは重要ですが、ただ悩んでいるだけの時間はムダです。仮説を立てたらすぐ実験。走りながら考えましょう。これからが楽しみですね！」

第1節　これからはコミュニティの時代

これからは、コミュニティの時代です。これについては様々な人がいろんなところで言ったり書いたりしているのですが、その中で私が気に入っているのはこれです。『権力の終焉』（著：モイセス・ナイム／日経ＢＰ社より）ですね。

この本によれば、世界では以下の３つの革命が進んでいます。

・豊かさの革命（More）
・移動の革命（Mobility）
・意識の革命（Mentality）

これにより、**様々なテクノロジーの発展により我々はますます豊か（More）で住む場所や働く場所を自由に選べ（Mobillity）、今までとは違う価値観で行動する（Mentality）**ようになるということです。

情報が世の中にあふれ、人々は豊かになり、移動も自由になる中で、国家や大企業に支配されるだけの生き方では人は満足できなくなります。結果、国家や大企業は力を失い、起業をするなど個人が力を持つ時代になります。権力の終焉ですね。

個人の時代では、小さなコミュニティがたくさん生まれ、それがお互いにつながります。つまりコミュニティの時代です。国家や大企業といった大きなコミュニティに依存することはなくなる一方で、小さなコミュニティが互いにアメーバのようにつながって、コロニーみたいな感じでコミュニティの群れができていきます。

起業家もどこかのコミュニティに属するだけではなく、自らコミュニティを持つようになります。そして互いにつながって、一緒に発展していく。大企業はそのスピードと機動性についていけずにますます力を失っていく。もうその動きは始まっていますし、そういう未来がすぐそこまで来ています。

第2節　オンラインサロンを持つ意味

「オンラインサロン」＝「有料のコミュニティ」

オンラインサロンについては、まだまだ世間からは誤解されている部分も大きいのですが、それ自体は単純に「有料のコミュニティ」というほどの意味です。月3千円などと定額の料金を定めてコミュニティに参加していただき、その料金に見合った何らかのサービスを提供するものです。参加者が納得さえすれば、提供するサービスは何でも構いません。

オーナーによってサービスの内容が多様なので「実態がわからない」というイメージを与え、誤解を生んでいるのだと思います。メルマガのようなものだ、と説明する人がいればファンクラブだと言う人もいて、いや宗教だ、搾取だ・・・と議論がばらばらになってしまっています。私は多数のオンラインサロンに潜入して調査をしたのでわかってきましたが、「サービス内容はばらばらの定額課金サービスである」ことがその本質なのです。

オンラインサロンの分類

それでも頑張って分類すると、オンラインサロンには「ファンクラブ型」「メディア型」「プロジェクト型」「教育型」の4つのタイプがあり、それぞれに特徴があります。ファンクラブ型とメディア型は有名人ならやりやすい形ですが、一般の方が主催するなら、プロジェクト型か、教育型が良いでしょう（図表6-1）。

プロジェクト型なら、例えば「月に1回、5千円相当のイベントやセミナーに参加できる権利」を月3千円ということでオンラインサロンの主な特典にしても構わないのです。3千円で5千円のセミナーに参加できるならお得ですし、必ずしも全員が毎月参加するわけでもないので、サロンのオーナーにとってもメリットはあります。

教育型ならば、グループコンサルティングといって、オーナーのあなたに相談ができる場をやはり月1回、設定するようなやり方も良いでしょう。これはオンラインでも構いません。リアルの会場でやるなら、参加できなかった方があとで動画を見れるようにしておくなどすると、満足度が高まって退会が減るでしょう。

オンラインサロンを始めるタイミングとメリット

一般的にはある程度ビジネスを軌道に乗せてから、コミュニティについても学んでみようか、オンラインサロンも視野に入れようかなという人が多いようです。確かに会社を辞めて起業をしたなら、しばらくはオンラインサロンのような長期的な課題に取り組む余裕はないでしょう。しかし、会社を辞めずに起業をするなら、**起業準備のタイミングでオンラインサロンを作るのがベスト**と私は考えています。

オンラインサロンがあると、あなたのファンがそこに集まるために集客が安定し、お会いしてすぐにはビジネスにはつながらなかった方との縁を逃すことも少なくなります。また高額のサービスを提供したお客様に対する、アフターサポートの場としてもオンラインサロンは最適です。月5千円でグループコンサルティングだけを提供する、などです。

すぐに儲かるというものではなくその効果を感じるには時間がかかりますが、長期的にビジネスを安定させるための「信用の器」としてオンラインサロンは機能します。様々な化学反応も起こり、ビジネスが大きく発展します。これが、私の推奨する「コミュニティ・ビジネス」というかたちです。

図表 6-1　オンラインサロンの分類

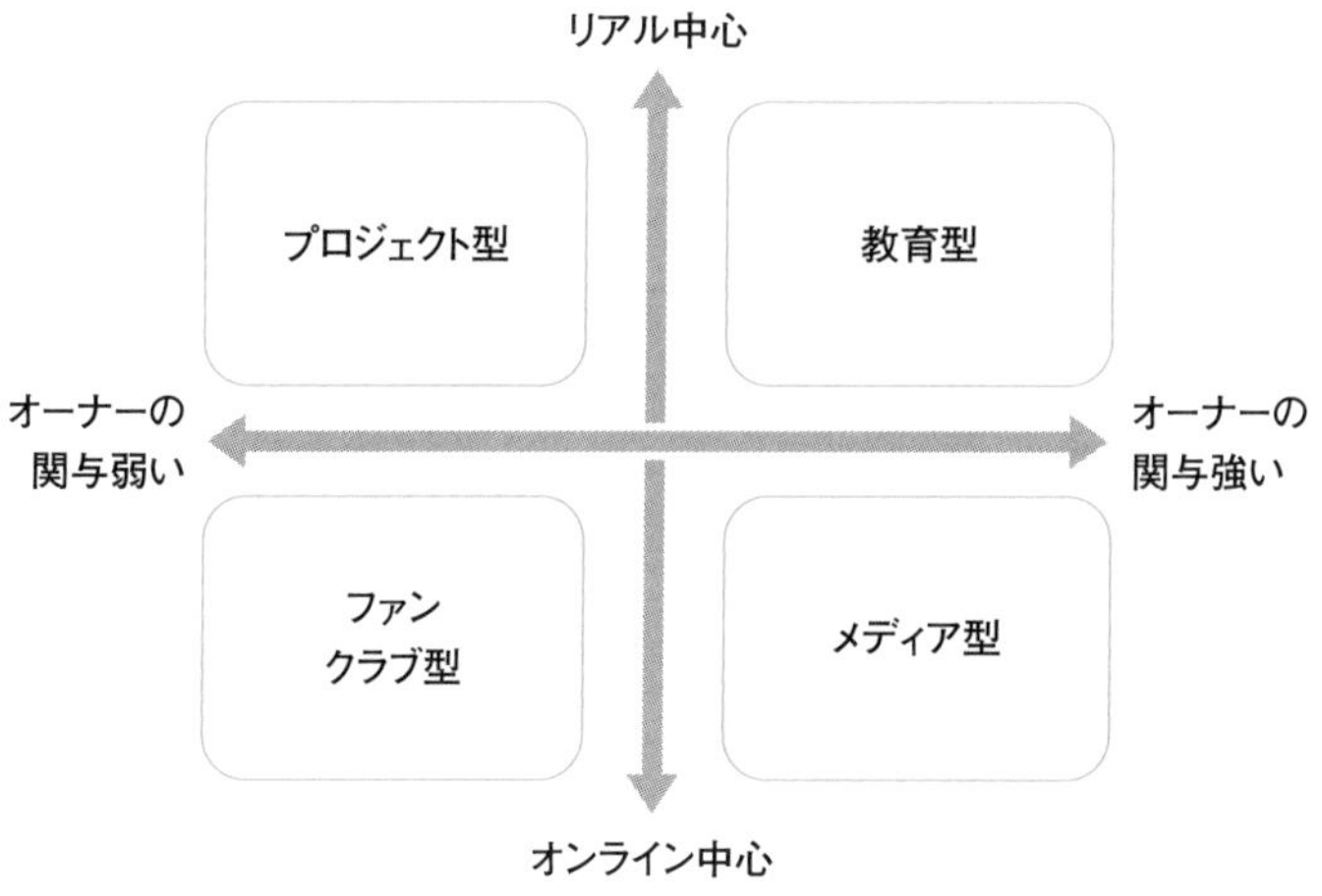

第3節　セールスを限りなく不要にする

オンラインサロンを持って展開する「コミュニティ・ビジネス」の世界では、究極的にはセールスが必要なくなります。売り込みをしなくても、必要な人が必要なタイミングで買いに来てくれるのです。あなたがどのような商品を扱っており、どんな人なのかをメンバーは知り尽くしているので、わざわざ他の人から買う理由はなくなります。

ただし、これは理想論です。実際にはセールスが完全になくなることはなく、やりたいという人に「じゃ、やりましょう！」というくらいのプロセスは必要です。熟れた柿が落ちるようにと言いますか、互いにストレスなくビジネスが成立するというイメージですが、伝わるでしょうか。

それだけではありません。オンラインサロンにはあなたのことを信頼してくれるメンバーが集まりますので、その人の周りにあなたのサービスを必要としている人がいたら、積極的にあなたに紹介をしてくれるようになります。

ビジネスがうまくいっている人は、みなさん何らかの形でコミュニティを持っているものです。起業支援の仕事だと3ヶ月の講座を提供したとしても、本当の意味で結果が出るのは1年後、3年後となることも普通ですから、アフターサポートの重要性は高まるのです。むしろ、アフターサポートのほうが本番であるとすら言えるかもしれません。

逆に「そのやり方はひよこ喰いっぽいな」という人は売りっぱなしで、できるだけアフターフォローの場を持たないようにしています。次々と売っていかないといけないし、成果を出す人が少ないと、下手に接点を持つと苦情を言われてしまうので、どうしてもそうなるのでしょう。

例外はありますが、コミュニティを持っているかいないかは、その人が信用できるかのリトマス紙にもなると考えています。逆に言えば、**これからはコミュニティを持っている人だけが、信用される時代になる**ということです。

第4節　何を買うかから誰から買うかへ

情報があふれている今の時代では、どんな商品でも検索をすれば見つかりますから、何を買うかで悩む人はいなくなりました。ただ、ネット上の情報だけでは信用できるかはわかりませんので、誰から買うか、が重要です。

例えば、ひと昔前ならコーチングというサービスは珍しく、「アメリカでは経営者の9割がコーチを雇っている」と言えば、じゃあ体験セッションくらいは受けようかな、と売れてしまうという時代がありました。しかし今では、交流会に行けば自称コーチは何人もいます。コーチングは有益としても、誰が「本物」なのかという情報は重要になります。

結局そこで頼るのは、人からの評判ということになります。ただ紹介があるというだけでは、交流会の仕組みとして紹介をしているだけだということが常識になってきていますので、「誰の」「どのくらい熱量のある」紹介か、また複数の信用できる人物からの信用を得ているかといったことが重要になってきます。

　このとき、コミュニティを持っているということは大きな力となります。私自身の経験としても、日本生命という大企業に勤めているときは会社名を言えば信用をしてもらえましたが、会社を辞めてしばらくは誰からも信用されないという時期がありました。会って話していれば人柄も伝わりますが、それでは広がるのに時間がかかります。

　しかし、私が正会員150人のコミュニティを持っている、と自己紹介できるようになってからはその苦労がなくなりました。必要であれば150人に聞いてもらえれば私が信用できるかどうかはわかりますから、そのことによってわざわざそんなことをしなくても、最初から信用してもらえるようになったのです。

コミュニティを持っていると、他のコミュニティのオーナーとも話がしやすくなります。対等に扱ってもらえるので、提携したり、コラボしたりといった提案もしやすくなりました。これからの時代、起業をするならコミュニティが必須だな、と体感しています。

第5節　ビジネスは確率で考える

イベントやセミナーは実験であり、確率で考えるべきだとお伝えしましたが、これはビジネス全体に言えることです。オンラインサロンも例外ではなく、確率のゲームです。何人に声をかけてメンバーになってもらえるかということもそうですし、特典としてのイベントへの参加率、そして何より毎月の退会率によって、発展するかどうかが決まります。

自分が協力者だと思い、熱心な感じで声掛けをしてくれていた人が突然退会してしまったり、意外な人が息長く参加して、それどころか運営を手伝ってくれたりと、オンラインサロンを運営しているといろんなことが起こります。辛いことがあると最初のころはいちいちショックを受けてしまうのですが、これも長くやっていると、それは確率論なのだということがわかります。

よく「オンラインサロンの運営って、たいへんでしょう？」と聞かれるのですが、これは多くは人間関係のトラブルをイメージしての質問だと思います。しかし、コミットする内容ややり方にもよりますが、オンラインサロンは有料のサービスであり、不満がある人は抜けてしまうので、想像するほどのトラブルはありません。

起こることを客観的に、確率論の世界で捉えれば心は穏やかでいられますし、ビジネスの本質も見えてきます。人間の心理を観察する、くらいの達観した気持ちがあると、良いかもしれませんね。

第6節　フローとストック

フローとストックという概念、聞いたことがあるでしょうか。フローというのは「流れる」ものでストックというのは「溜まる」というイメージです。フロー型のビジネスとは月によって大きく稼げるときもあれば、まったく売れないこともあり安定せず、ストック型のビジネスとはちゃりんちゃりんと安定して収入があるもの、というくらいの意味です。

これは、ストックが良くてフローが悪い、という単純な話ではありません。確かにフロー型は安定しないという大きな弱点はありますが、結果が出るまでは早いので、例えば月50万円を稼げるようになるにはこちらのほうが早いです。ストックビジネスは少しずつ積み上げていくものなので、どうしても育てるのに時間がかかります。

商品開発やセミナーはフローなので、稼ぐまでの時間がないならここに特化するのが良いのです。一方でオンラインサロンやブログなどによる情報発信はストックなので、確実に積み上がりますが時間がかかります。大切なのはこの両者を組み合わせることです。このあたりは、『ストックビジネスの教科書』（著：大竹啓裕／ポプラ社より）も参考になります。

もしあなたがすぐにお金を稼ぐ必要があり、フローとストックのどちらか片方しかできないなら、やるべきことはフローです。ストックだけでしっかり稼げるようになるにはどうしても時間がかかるからです。しかし、フローだけやっていると同じことを永遠に繰り返さなくてはならず、そのうち疲れてしまいます。**フローで稼ぎながら、将来の楽しみとしてのストック、つまりオンラインサロンを育てていくべき**なのです。

もし会社を辞めずに起業するのであれば、最初から長期的な視点を持ってオンラインサロンと情報発信にしっかり取り組みましょう。そういうやり方が選べること自体が、あなたの強みなのですから。

第7節　オンラインサロンの作り方

どうやってオンラインサロンを持つのかと言えば、それほど難しいことは何もありません。手軽にオンラインサロンを持つことができるサービスを提供しているプラットフォームがフラスコを含めていくつもあるので、そのうち一つを選びましょう（図表6-2）。

あなたのビジネスにはすでにペルソナがあり、商品があり、セミナーがありますので、それらを基にオンラインサロンを設計していくことは、さほど難しくありません。目的は大きく分けて2種類、サービス終了後のアフターサポートか、今すぐ必要ではない人に対する受け皿です。

料金を決めたら、それに応じて参加者が満足するだけの特典を用意してあげれば良いのです。特典には先述のイベント参加料金の割引・無料化や特別な情報発信、オーナーのあなたに質問をできる権利、グッズなどが考えられます。

たくさんのオンラインサロンがありますので、「潜入」してどのように運営されているのかを研究してみるのも楽しいし、気づきが多いですよ。お勧めのオンラインサロンをご紹介するので、ぜひ試してみてください（図表6-3）。

図表6-2　プラットフォーム一覧

サービス名称	手数料	特徴
DMM オンラインサロン	20～25%程度 （非開示）	最大手で、担当者がSNSの管理を手伝ってくれるなどサービスは手厚い。一方で手数料は高く、一定の初期メンバー数も必要
Campfire	10%	コストはリーズナブルで、一般の人がオンラインサロンを作るにはこちら（同種のサービスは複数存在）が妥当
フラスコ	10% （ポイントでの支払い）	メンバーゼロから、全くの初心者からでも順を追ってオンラインサロンを開設・育成でき、実質的な費用負担ももっとも小さい

	月額料金	サイト
	1,000円	https://salon.jp/
	11,000円	https://lounge.dmm.com/detail/87/
	5,500円	https://www.facebook.com/groups/websin/
	1,000円	https://www.fra-sco.co.jp/branch/157

※料金は2020/2現在（税込）

図表6-3　オンラインサロン一覧

名称	主な分類	特徴	
西野亮廣エンタメ研究所	メディア型	メンバー数28,000人を誇る日本最大のオンラインサロン。月額1,000円ですので、気軽に試せる	
HIU (堀江貴文イノベーション大学)	プロジェクト型	約30個の分科会グループで構成。多種多様なイベントが開催され、活動範囲は日本全国から世界に及ぶ	
ウェブ心理塾	教育型	精神科医の樺沢紫苑さんが運営するサロン。参加者は情報発信や出版を目指し、切磋琢磨。毎月セミナーを開催	
セールスファネル・ラボ	メディア型 ファンクラブ型	「情報発信力」にフォーカス。出版を含む情報発信による「集客のじょうご(セールスファネル)」について研究	

【ライスワークとライフワーク】

私は５年前、起業をした当初からフラスコ（当時は人生計画フォーラムという名前）というストック型のビジネスを主力として積み上げていくつもりでしたから、３年は赤字だろうと考えたので、中小企業向けの財務コンサルタントというフローのビジネスを「ライスワーク」としてやっていました。コンサル先の社長さんには、失礼な話なのですが。

財務コンサルタントは私にとっては特にやりたいことではなかったのですが、明らかに「得意なこと」ではありました。サラリーマン時代の経験もストレートに活かせますし。やりたいことであるフラスコは「ライフワーク」ではありますが、ストック型でしかもシステム投資も必要なビジネスなので、それだけでやっていたら今頃は資金不足に陥っていたと思います。ストックで勝負するならばこういう考え方が、必要になると思います。

近年では起業コンサルで「楽しいことだけをやろう！」などと煽る人がいるので、「楽しいこと以外は一切やりたくない」という態度の起業志望者が多いのですが、残念ながらそういう考え方で起業をすると、長くは続けられない可能性が高くなるでしょう。

「楽しいことだけでは収入にならないんです・・・」というごく当たり前のところで壁に当たり、行動が止まっている人もたくさんいます。もったいないなと思います。

「楽しいことだけをやる」というのはあくまで、理想の状態です。私も５年やってようやく仕組みも整い、協力してくれる人も増えてきたのでイベントの主催や交流会への参加など苦手な部分から離れることができるようになってきました。財務のコンサルタントももう、やることはありません。

やっと、やりたいことができるようになってきました。それでも、その理想の状態を実現するために必要であればそれほどやりたくないことでもやります。その点、ずっと副業という前提であれば、やりたいことだけやっても良いです。理想の状態になりたいのか、それともやりたいことだけやっていたいのか、よく考えてください。これに関して、どちらが正解ということはありません。全然儲からない副業すら、あってもいいと思います。

第7章

情報発信を続ける

ストーリー　何から始めたらいいんですか？

都内某所のカフェ。フラスコと次郎、そしてさやかが向かい合っている。

フ「さあ、オンラインサロンはできましたか」

じ「僕のコンサルティングサービスは月10万円なのですが、それを卒業した人やすぐに買わない人向けに、月5千円で月2回までメールでの質問ができるサービスを作ってみました」

フ「お、シンプルですがおもしろいですね。そういうニーズはあるでしょうね」

さ「私は、起業家向けに月1回のコーチングセッションを受けられる特典のついたオンラインサロンを作ってみました。すぐには私のサービスのイメージができない人と、とりあえずつながっておこうと思うので、月額は3千円です」

フ「それもいいですね。セッションの内容を絞り、バックエンドに興味がありそうな人だけが集まるようにしていくと、うまく機能するでしょう」

さ「あ、それならサロンのメンバーは格安で事務代行の体験ができる、という特典もつけちゃおうかな。でもそれ、セミナーだと無料でつけているんですけど」

フ「問題ないでしょう。いっそセミナー受け放題もつけてしまってもいいですね。さすがに安すぎるかな」

じ「でも、セミナーは同じ内容なので、同じ人は来ないんじゃなかったでしたっけ」

フ「ふふふ、だからこそ、受け放題なんですよ。これが毎回違う内容だと、毎回来ちゃう人もいますからちょっとやりにくいでしょう」

さ「ああそうか。たまにはリピートする人もいそうですけど」

フ「その人は有望な潜在顧客だということなので、それはそれでいいんですよ。タイミングが来たのかもしれない、ということです」

さ「なるほど。セミナーもオンラインサロンも、つながっているんですね」

フ「はい、これがビジネスの仕組みを整えるということです。そしてあとは今日の内容、情報発信があれば完璧です」

じ「情報発信ってやったことがないし、ちょっとピンとこないですね。ＳＮＳとかですか」

フ「もちろんＳＮＳを使いこなすことも大事です。でも最初にどれか一つ整えるとしたら、私はメルマガをお勧めします。2つだったらメルマガとブログですかね」

じ「どっちもちょっと、古くありませんか。これからの時代、せめてYouTubeとか」

フ「文章より動画が得意なら、YouTubeもやりましょう。YouTubeとメルマガ、という組み合わせもいいかもしれませんね。メルマガに代えてLINE公式アカウントもアリです」

さ「LINEのほうがピンときます。メルマガは昔のツールというか・・・」

フ「女性ターゲットならLINEでいいですよ。メルマガ・ブログは確かに今やオールドメディアっていう感じもしますが、まだまだ集客の王道です」

じ「意外と息が長いんですね」

フ「はい、メルマガはこちらから、つまりプッシュで情報が送れるのでセミナー集客に向いていますし、ブログは検索で入ってきた新しい人とつながれます。新しいものがいいとは限らないんです」

さ「私はLINEを使っているけれど、私のお客さんは女性起業家というわけではないから」

フ「はい、その場合はメルマガを使ったほうがいいかもしれません。両方試してみるのがベストですが、ちょっとたいへんなのでメルマガから始めたらいいのではないでしょうか」

じ　「広告は使わないんですか？　SNSに広告を出して、集客したいのですが」

フ　「最初はお金を捨てることになるので、使わないでください。ある程度は集客できるようになってから、増幅装置として使うなら効果はあります」

さ　「情報発信、あれもこれもだとたいへんですね」

フ　「そうですね。最初はメルマガとブログ、それにFacebookくらいをちゃんとやっておけばいいでしょう。そういうのにあまり抵抗感がない人はもう少し手を広げて、様々な実験をしていくといいのではないでしょうか」

じ　「僕はそんなにSNSには抵抗がないので、TwitterやYouTubeも試してみようかな」

さ　「私はまず、必要なところから」

フ　「はい、無理はしなくていいので、楽しみながらやってみてください！」

第1節　情報発信の重要性

どんなに良い商品を持ち、その価値を届ける能力を持っていたとしても、あなたのことを誰も知らなければ何も起こりません。商品力・関係性構築力は情報発信力があってはじめて輝くのです。また長く、安定したビジネスをしていくうえでも、情報発信は重要です。

インフルエンサーの存在を例にすると、Twitterでフォロワーが数十万人もいるような人であれば、それだけで食べていけると言われています。私に言わせれば、堀江さんなど経営に軸足を置く一部の人を例外として、インフルエンサーの多くはそれほどしっかりした仕組みや強力な商品を持っていません。それでも、年数千万から数億円を稼いでいるのです。今は、影響力さえあれば個人が稼ぐことができる時代なのです。

影響力をつけていくために必要なのが、情報発信です。影響力≒情報発信力と言っても良いでしょう。きちんとした商品を持っていて、セミナーやオンラインサロンなど関係性構築の仕組みを持つ人が情報発信力を持てば、得られる収入はかなり大きくなります。

稼ぐ力＝商品力×関係性構築力×情報発信力

であることを思い出してください。商品力、関係性構築力のどちらかがゼロではダメですが、しっかりしていたら、情報発信力を伸ばすことで稼ぐ力は大幅に上昇するのです。

また、SNSやブログ・メルマガなどの集客以外の役割は、接触頻度を高めることです。ザイオンス効果といって、単純な接触であっても頻度が高いと人と人の関係性が深まるとされています。メルマガが毎日来る、それがちょっとおもしろいというだけで、人はその書き手をちょっとずつ好きになってしまうのです。

つまり、情報発信力は関係性構築力とも関係しているということになります。セミナーを極めると商品力が増し、オンラインサロンの中で濃い情報を発信したりもします。このように、3つの力は独立したものではなく、相互に密接につながっているのです。

第2節　集客のじょうご

長期的に、安定したビジネスを構築していくならばコミュニティと同様に重要な考え方があります。それが集客のじょうごです。英語ではセールスファネル、ですね。じょうごというのはビンなどに液体を注ぐ際に使う、入り口が広くて出口が狭い道具のことです。図表7-1に示したとおり、集客は最初は多くの人にアプローチをして最終的には少数の人が商品を買ってくれるという、じょうごの形になっているのです。

じょうごの出口の部分である商品とセミナーを作ったら、入り口の部分にあたる情報発信を整えていきましょう。よく「集客はシンプル、○○だけやっていれば良い！」と宣伝している起業塾やコンサルタントの人がいますが、これは誤りです。もしくは自社の商品を売るために意図的に誇張しています。集客の仕組みはいくつものチャネルを組み合わせて、手間ひまかけて育てていくものです。

主要な自社メディアだけでも図表7-2に示しただけの種類があり、このすべてを全部やれとは言いませんが、食わず嫌いは避けるべきです。私は文章を書くのが得意なのでブログ・メルマガを中心に集客のじょうごを組み立ててきましたが、その分YouTubeなどの動画・音声メディアへの取り組みが遅れました。私にとっては、これからの課題です。

なお、じょうごの中身は人によって、またビジネスのステージによっても異なるので、得意なことを活かしてあなたにぴったりの形を探していってください。

図表7-1　集客のじょうご

第3節　SNSの活用法

SNSの種類と特徴

図表7-2で示したとおり、主要なSNSだけを取り上げても、様々な種類があります。古くはmixiというのもありましたし、Google+など姿を消したもの、Linkedinなど海外では主流でも今ひとつ日本では流行らないもの、ビジネスや特定の層に特化しているものなど含めると無数と言っても良いくらいです。書き始めるとこれだけで本が一冊書ける内容なので、SNSの中でも、スモールビジネスに有効な主なものだけ取り上げて簡単に特徴を挙げていきます。

Facebook

Facebookはもうおじさんばっかりでオワコン（終わったコンテンツの略）、なんて言っている若い人もいると思いますが、ビジネスではまだまだこれが主流です。ビジネス交流会

図表7-2　自社メディア

メディアの名称	特徴	お勧め度
ホームページ	自社の信頼性を示す、情報を網羅的に伝える	◎
ブログ	Wordpress 等でホームページにアクセス集める	◎
メルマガ	プッシュ型で、相手に確実に到達する	◎
Facebook	ユーザー多く、人柄を伝えるのに向く。売り込みは×	○
Facebook ページ	活動情報を流す、イベントの告知に最適	○
Twitter	多数ユーザーに接触。結びつきは弱いが拡散に向く	○
LINE (@)	女性、若年層に圧倒的支持。プッシュで情報伝える	○
インスタグラム	写真を使うのが得意な人には良い、対象やや若い	○
YouTube	動画が得意なら活用すべき。拡大余地大きい	○
アメブロ	手軽に初期読者獲得できるが、ビジネス利用制限あり	△
Podcast	関係性作りに有効。音声配信は拡大の余地あり	△

では名刺交換をすると必ずFacebookはやってますかと聞かれ、つながります。あとはメッセンジャーでやり取りをするため、私などはむしろFacebookメッセンジャーがあれば名刺は必要ないのではと思うくらいです。

LINE

ＬＩＮＥは若い人や女性にとっては、主な連絡手段となっています。意外に、かなりの高齢の方でも「孫との連絡用」みたいな感じでＬＩＮＥだけは使いこなしていることがあります。ＬＩＮＥ公式アカウントを利用することによってメールマガジンのようにビジネスの情報を拡散する目的でも使えます。若い女性をターゲットにしたビジネスでは、Facebookのアカウントがなかったりメルマガが毛嫌いされたりしますので、ＬＩＮＥを活用するのが良いでしょう。

Twitter

Twitterは「昔、はやったな」というイメージの方が多いかもしれませんが、近年また勢いを取り戻しています。リツイートという気軽に他の人のつぶやきを引用できる仕組みがあるので炎上しやすいのですが、そのぶん外向けに情報を拡散したい場合には向いていますし、知り合いにしかフォローを許可しないなどクローズドな使い方もできます。実はインフルエンサーが主力としていることが多いＳＮＳであり、情報発信者なら使いこなせるようになりましょう。

Instagram , YouTube

Instagramは写真を中心としたメディアです。店舗などの「インスタ映え」をする商品を扱っている人は必須、女性や若い人向けのマーケティングにも必須です。YouTubeは言わずと知れた動画のプラットフォームであり、通信の規格が５Ｇになって情報量が爆発的に増えていくなか、これからまだまだ伸びると言われています。これらは、少なくとも実験的には取り組んでおくべきメディアであると言えるでしょう。

第4節　ブログ・メルマガはもう古い?

Facebookですらオワコンだと感じるなら、ブログ・メルマガなんてもう化石のように感じる人も多いかもしれません。私が起業した5年前ですら、そうでした。集客はSNSでやるのが当たり前で、ブログ・メルマガなんてダサいと私自身も感じていました。しかし、ブログ・メルマガは今でも集客のじょうごの中心であり、オウンドメディアの主力です。

まず、ブログは外部に開かれたメディアです。書いた記事がどんどん蓄積されて、検索でヒットすれば見ず知らずの人が読んでくれます。つまり新規の、まだ会ったことがない人にあなたやあなたの商品を知ってもらうにはとても向いているのです。ちなみにこの特徴はYouTubeにもあり、両方を使いこなすのが理想的と言えるでしょう。

メルマガは逆に、登録してくれている人にしか送ることができません。つまり既存のお客様やその候補の方です。そういう人に対して、プッシュで、つまり半ば強制的に情報を届けることができ、登録も解除も任意であることから、セミナーやイベントのお知らせ程度の軽い売り込みは許されます。このあたりはＬＩＮＥ公式アカウントも同じです。

ですので、**ブログとメルマガの組み合わせがとても相性が良いのです。ブログで存在を知ってもらい、メルマガで関係性を深めるのです。**そしてセミナーに案内する。地道に感じるかもしれませんが、相手が10人でも10万人でもブログ・メルマガを書く手間は同じなので、ビジネスが大きくなってきたらすごく効率的だということになるのです。

なお、名刺交換をするとメルマガを一方的に送ってくる人がいますが、これは完全に逆効果です。相手の方に登録してもらうか、少なくともメルマガ送付の許可を取らないと、不快に思われて終わりです。不要でしたら解除してくださいではなくてそもそも勝手に送ってはいけないのです。

第5節　広告を活用する

集客がある程度できるようになり、商品も売れ始めたら広告の検討をしても良いかも知れません。うまく広告を使えば、集客にかける手間を大幅に減らすことができます。工夫次第では、半分くらい自動的に売上が上がる仕組みを作ることすら、できるかもしれません。

しかし、**くれぐれも最初のうちは広告は使わないでください。**広告は「ブースター」です。効果のあるイベントページであれば、それを多くの人の目に触れさせることで効果は倍増しますから、広告の効果はあります。集客力がゼロのイベントは、何十万円を広告に費やしてもゼロのままです。ゼロに何を掛けても、ゼロなんです。

広告には各ＳＮＳやGoogle、Yahoo!の検索エンジンに対応したものがあり、もちろんテレビや新聞といったマス・メディアに出す広告もあります。数百万円を投入すればものすごい効果が出てビジネスが一気に加速する・・・という夢を見てしまいますが、しつこいようですが広告はブースターなので、ビジネスの基本ができるまでは頼ってはいけません。

活用する際にはある程度、ご自身で本を読むなどして研究したうえで、専門家のアドバイスも視野に入れても良いと思います。コストがかかりますが、広告費を無駄にするよりはいくらか専門家に支払ったほうが結果としては節約できる分野だと、私は思います。

【出版をすると変わること】

私が起業前に通った起業塾では「コミュニティを持つこと」「出版をすること」が大きなテーマでした。今振り返ってもこの教えの影響は大きく、偶然ながら良い先生と良いコンテンツを選んだものだと思います。

たくさんの被害の声も聞いていますし、現場を目にもしていますので世の中にはひよこ喰いが多いという認識は変わりませんが、私自身がひよこ喰いにあったわけではないというのがちょっと主張としては「弱いな」と思うこともあります（笑）。まあ、かと言ってわざと騙されるわけにもいきませんし。

それはともかく、スモールビジネスで起業をするなら出版は目指すべきです。ブログやメルマガで頑張って情報提供をしても、私が助けたい対象であるサラリーマンの方にはなかなか届きませんし、届いてもお会いできるところまではなかなかいきませんでした。それが、本を出版したら会いに来てくれるようになったのです。

出版は起業をしてからずっと目指してきましたが、5年目にしてようやく出版となりました。なかなか結果が出ない時期もありましたが、幸運にも編集者の方を紹介してくださる方が現れて、タイミングや出版社との相性も良くとんとんと話が進みました。人事を尽くして天命を待つ、そんな感じでしょうか。

できる努力としては、ブログを書き続けることがあります。2,000文字以上のブログ記事を起業前後は毎日、起業してからは週2～3回書き続け、文章をストックしていきました。編集者の方とお会いできたときには、自信をもって提案できました。編集者の方は意外とTwitterやブログを読んでいるので、続けることが大事だったりしますよ。

編集者さんの立場になると「この人は本を一冊、書き上げることができるだろうか」ということが心配です。実際、途中で断念してしまう人は多いそうですから。その点、ブログを続けていればそこに関しても持続力があって、大丈夫そうだなって思うんじゃないでしょうか。なので本を出版したかったら、まずはブログを書きましょう！

第8章

一生稼げる次のステップ

ストーリー　起業はゴールではなくスタート

都内某所のカフェ。フラスコと次郎、そしてさやかが向かい合っている。

フ「その後、順調ですか」

じ「セミナーは毎週やることにしました。YouTubeを観てセミナーに参加してくれる人も出てきましたし、何人かお客さんにもなってくれる人がでてきて、いい感じです」

フ「おお、素晴らしい！」

さ「私はブログを毎日書くことにしました。最初は全然、反応がなかったんですけど、少しずつセミナーに参加してくれる人が増えてきて。本命のサービスよりオンラインサロンのほうに入ってくれる人が多くてびっくりしています」

フ「これも素晴らしい！　オンラインサロンはちょっとお得すぎたというか、料金が安すぎたかもしれませんね。その辺のバランスは、少しずつ見直していきましょう」

じ「不思議なのは、会社を辞めなくてもいいかなと思えてきたところです。働きながらでも、自分のビジネスを育てることに喜びを感じるというか」

フ「そうです。そうやって人生の選択肢が増えるのはいいことです。会社を辞めるだけが起業ではなくて、次郎さんはもうすでに、起業しているということなんです」

さ「あ、そういえば私、彼氏ができました。自分のビジネスやオンラインサロンを育てることで、前に進んでいこうという気になれた気がします」

じ「おお、それは良かった。おめでとう！」

フ「おめでとうございます。プライベートも大切にしつつ、当面はこのまま、ビジネスとオンラインサロンを育てていけばいいでしょう」

さ「当面はということは、その先には何があるんですか」

フ「人によります。このままビジネスを大きくしていくと、どこかで違和感を持つこともあるでしょう。ミッションに立ち返り、『何のためにこの仕事をしているのか』ということを問い直すときがきます」

じ「実は、今のサービスをやっていておもしろいアイデアが浮かんできたんです。まだうまく説明できませんが、もしかしたら世界を変えるほどのビジネスになるかも」

さ「へえ、なんかすごい！」

フ「そういう選択肢も出てきます。チームを作り、資金調達をして勝負をかけることもできますが、稼ぐ力さえあればそれは単なるギャンブルではなく、より確実で地に足のついた挑戦になります」

じ「今ならその意味がわかります。価値を提供して、対価としてのお金を受け取る。大きなビジネスといってもこの基本は同じですよね」

フ「そのとおり。いずれ好きなときに好きなことだけ、好きな仲間を集めて、自分らしい仕事ができるようになります」

じ「どこかで聞いたセリフ!」

フ「そこに至るためには、近道はありません。楽して儲かるということはないんです。価値を生み出し、届けるべき人に届ける。信用を蓄積して、自信をつけてまた価値を届ける。そうやって良い循環を作ることこそが、起業の本質です」

さ「まさか私が、セミナーとオンラインサロンを主催するなんて、ちょっとまだ実感がありません」

じ「僕もです。まだ夢の中にいるようですね。明日目が覚めたら、普通のサラリーマンに戻っているんじゃないかって」

フ「ふふふ、でもセミナーもオンラインサロンも、やってみたら簡単でしょう。そういうものです。実態のないなんとなくの不安で行動しない人があまりにも多いので、実にもったいないと思います」

じ「会社を辞めさえしなければ、何度でもやり直しが効きますしね」

フ「はい、余計なリスクは取らず、実験を繰り返す。そうするといろんなことが見えるようになり、人生の選択肢は増えていきます。私が伝えたいのはそういうことです」

さ「ああ、これでもう、先生の授業は卒業か。これからも困ったときには質問してもいいですか」

フ「もちろん！　いつまでもサポートするので、何でも相談してください。そういう人のニーズにお応えしたオンラインサロンを、ばっちり用意していますよ（笑）」

じ「さすが、抜け目がないなあ・・・」

さ「先生のビジネスも、セミナーとオンラインサロンで安定しているんですね」

フ「そうじゃなかったら、お二人が私のところに来ることはなかったでしょう。これが、仕組み作りってやつです。よろしければ参考にしてください！」

第1節　実験を繰り返す

さて、ここまでで対人サービスを前提としたスモールビジネスでの起業に必要な、やるべきことはすべてお伝えしました。そのうえで、本文中でも何度か触れましたが、大切なのは、長期的な視点と実験思考です。

起業をしてうまくいかないパターンの一つは「すぐに正解を求めすぎる」ことです。何事にも正解があるはずだから、そのやり方を教えて欲しいという人が多いのです。もちろん、**うまくいくとされている考え方はありますから、それを最初に学ぶことは良いことです。しかし、そのとおりやれば必ずうまくいく方法なんて、あるはずがありません。**

もしそんなものがあれば、この世は成功者であふれているはずです。確実に儲かる投資商品、誰でも稼げるやり方、必ずうまくいく起業の方法・・・すべて同じです。あるはずがありません。唯一、あるとすれば「実験を繰り返し、いつまでも諦めない」ことです。

「やめなければ必ず成功する」は真理です。しかし、起業においては一つ前提条件が抜けています。経営というゲームは、諦めることだけがゲームオーバーの条件ではありません。「キャッシュがなくなる」という終了条件があるのです。お金がなければ知恵を出せとか精神論はいろいろ言われますが、物理的にお金がなくなったら、死んでしまうことはありませんがとりあえず就職するなど、活動を止めるしかありません。

ですので、会社に勤めたままで副業としてビジネスを始めるという「新しい起業のかたち」は価値が高いのです。どんなに優れているように感じられたアイデアでも、会社を辞めれば手元のキャッシュは減っていきます。多分、想像したよりもずっと早いスピードで。その恐怖に耐えながら、正しく舵を切ることは並大抵のことではありません。

スタートアップ界隈には「起業とは、崖から落ちながら飛行機を組み立てるようなもの」という言葉が金言として伝わっていますが、そんな無茶をする必要はありません。不要なギャンブルをせず、じっくりと腰を据えて、時間をかけて実験しましょう。

第2節　出世を目指す

「新しい起業のかたち」のおもしろいところは、会社を辞めずに起業をしているうえに「本業」にも良い影響があることです。**あなたの専門性に「稼ぐ力」が掛け合わされれば、「本業」のほうでも目立った存在になっていきます。**どちらの収入が多いかはもはや微妙ですのでサラリーマンのほうが本業と言えるかはわかりませんが、ともかくそちらで勝ち上がっていくということも選択肢になってきます。

会社にしがみついていないので、はっきり意見を言ったり思い切ったポジションを取ることもできます。それが逆に、評価されることもあるでしょう。サラリーマンであることが問題なのは、会社に依存してしまっているというその力関係にあります。

しかし「稼ぐ力」があればもはや会社は、それほど苦痛な場所ではなくなるはずです。もともとあなたが選んだ専門はきっと興味がある内容でしょうし、仕事のスケールは大きいのでやりがいもあるでしょう。

私は、世の中のすべての人が起業をして、いずれは会社を辞めるべきだとは考えてはいません。むしろ対等な関係で仕事を楽しめるのであれば、大きな会社で出世するというのも、それはそれでおもしろいのではないかと思います。あえて出世しなくても、安定した収入を定年までは享受するというのも悪くありません。

サラリーマンは世を忍ぶ仮の姿で、実は・・・みたいな二重生活にも、味わいがあることでしょう。やはり起業の世界には不安もあるので、いつまでもサラリーマンと起業の「良いとこ取り」をするのが実は、正解なのかもしれませんよ。あなたの価値観に従った生き方を、選択してください。

第3節　チームを作る

本書はスモールビジネスの初期にスポットライトを当てているので、これは少し進んだ内容にはなりますが、チーム作りについても触れておきます。

まずは「人を雇うことを前提としたビジネスはしない」これが基本です。雇用を増やすことが社会貢献だとおっしゃる社長さんとも多くお会いしますが、私にはあまりピンときません。人を雇わなくても、世の中に価値を提供して利益を出して、そのお金を社会に循環させれば同じことなのではないかと思うのです。このあたりは価値観なので否定もしませんが、ともかくリスクという点では人を雇うことは最大のリスクです。

私は数百万円のシステム投資はポンと決断しますが、人を雇うことには極めて慎重です。妻にいくらかお給料を支払って手伝って貰っている程度です。人を雇用してしまうとその給料と社会保障費や福利厚生費は固定費用となり、売上に関わらず支出し続けなくてはならないからです。今の法律では、一度雇った人を簡単にクビにするわけにもいきません。雇った人に十分な支払いをできなければそれこそ、社会に対する害悪です。

実はよく考えると、会社を経営していくうえで雇用契約を前提とした雇用は必ずしも、必要ありません。**一人で全部やるという意味ではなく、必要な部分で専門家を使ったり、業務委託という形で外注（アウトソーシング）すれば良いのです。**

この考え方と、コミュニティはとても相性が良いです。人を雇わず、コミュニティのメンバーとの関係性を深め、必要なところでお金を支払うことによって10万人のコミュニティプラットフォームを作る、それが私がやっている挑戦です。人を雇ったほうが早い、と思うことはありますが、ぎりぎりまで様々な課題をコミュニティで解いていきたいのです。

プロジェクト型のオンラインサロンではよく「タダ働き」の問題が取り上げられます。メンバーにとってはオーナーと一緒に主催するイベントなどは良い経験になるので、タダでもやりたいという人はいます。それに乗っかってタダで運営する、というのも可能ではありますしWin-Winなので良いのかもしれませんが、何かやってもらったら適切な金額をお支払いするほうが私は好きです。

そんなことも含めて、コミュニティではいろんな実験ができる、ということです。少なくともチームビルディングに関しては、お金の力だけですべてを解決しようとするのは簡単に見えて、実は効率が悪いです。人に対する理解が、必要になりますね。これに関してゴールはありませんし、私もまだまだ修行中です。

第４節　勝負ビジネスに挑戦する

繰り返して書いてきましたが、本書はスモールビジネスを対象としており、ベンチャーキャピタルからの出資や、銀行からの借り入れ（融資の仕事をしていた私にとってはある意味で専門ですが）を前提として最短距離で上場を目指すいわゆる「スタートアップ」を対象にしていません。それは、それに関しての解説書は他にもありますし、何よりそのやり方がむしろ「古い」と考えているからです。

そんなギャンブルをして成功したら一攫千金、もし失敗したら自己破産すれば良いなどとは、私にはとても考えられませんし、人にも勧められません。むしろそんなやり方からはそこまで傑出した企業はもう､出てこないのではないかとすら考えています。「上場ゴール」という言葉もありますが、どうしても目標が近視眼的になるからです。

それよりはもっと長期的な視点で考えて、少し時間がかかっても自己資金を元手に事業を始め、「稼ぐ力」を身につけてキャッシュフローが安定してから次の「勝負ビジネス」に挑んでいくというスタイルが「新しい起業のかたち」ではないかと考えているのです。

ビジネスは早いもの勝ちの戦いであり、資金力にモノを言わせてシェアを奪うという「古い」やり方ではなく、**事業規模を拡大させても追加コストがかからないインターネットの恩恵をフルに活かしたB to Cのビジネスが、爆発的に大きくなって世界を変える。**フラスコはそういうサービスでありたいと考えていますし、これからはそういうやり方が主流になる。そういうイメージを、私は持っています。

第5節　時間とお金の制約がなかったら？

早いもので、本書も最終節となりました。ここまでさんざん「稼ぐ力」について述べてきましたが、実は「稼ぐ力」は手段にすぎません。もし十分な「稼ぐ力」を身につけ、時間とお金の制約がなくなったとき、あなたが本当にやりたいことは、なんでしょうか。

起業の相談をしにくる人の中には目標が「不労所得で生活する」という方が多くいます。そんなときには私は意地悪く「十分な不労所得を得ることができたら、何がしたいですか？」と質問します。そこまで、しっかりと考えている人はほとんどいません。家を買って車を買って、おいしいものを食べて、旅行をして・・・それから？

時間とお金の制約のない人生というのは一見天国のようですが、もしかしたら地獄かもしれません。毎日やるべきこともなく、誰からも求められず、ストレスがないという巨大なストレスしかない生活。今のビジネスが完成してしまったらどうなるか。自分しかできないことをどんどん手放していき、ビジネスの仕組みが完全に自走するようになった先の世界。私はそんなことをたまに想像して、絶望しそうになることがあります。

あなたはそんな状況で、何をしますか。どんな世界を創るのでしょうか。価値観に問いかけ、一生をかけてもやっていきたいことを明確にするのは、とても大切なことです。それはきっと、お金を稼ぐことなんかとは比較にならないくらい。とはいえ、そんなことを考える時間を確保しつつ、まずは「稼ぐ力」を身につけることからはじめましょう！

COLUMN

【誰もが自由で、好奇心あふれる生き方ができる世界を創る】

対人サービスを前提としたスモールビジネスで稼ぐ方法は、実はとてもシンプルです。基本商品を作り、それを高額化し、セミナーを開催して、そこに人を集める。それだけで十分に、食べていけるレベルまで達することができます。

会社員としてある程度、仕事を頑張ってきた人ならそれほどのリスクなく、成功させることができるのです。さらに、副業としてやるならばまったくリスクはないので、やらない理由はありません。

正しい考え方で、十分な行動量を確保してシンプルにやれば、それだけでうまくいきます。しかし、残念なことに人間はそれほど単純ではありません。起業をすると余計なことをたくさんするようになるのです。起業によって達成したいこと、想いがあるというのもその理由の一つです。

私自身もそうでした。高額商品を扱うことが王道とわかっていながら月3千円弱のサービスを作り、お金をかけずにと思いながらも数百万円をシステムに投資し、効果が出ないと知りながら広告にも随分お金を使いました。きれいな名刺を作ったり、オフィスに投資してみたりもしました。結果は、やはりあまり効果がないとわかっただけです。

「誰もが自由で、好奇心あふれる生き方ができる世界を創る」

これは私のミッションです。サラリーマンが合わず、ただ耐えるしか選択肢がないと思い込んでいたかつての自分を救いたい。その想いから、システムに投資をしたり、必ずしも効率的ではないやり方もしてきました。しかし、それらはすべてある意味で必要な「実験」だったのです。

起業をしてから5年経って、私自身のビジネスはとてもシンプルになりつつあります。ようやく、本当にやりたいことに集中できる環境が整ってきました。苦手なことは手放し、本を書くことに時間を割けるようになり、サラリーマンの方の副業や起業を支援するためのサービスも本格的に開始しました。

少し遠回りをした自分だから、伝えられることもある。そういう意味では、人生に失敗はありません。すべては終わることのない実験であり、誰もが道の途中なのです。

あとがき

「当たり前」の起業本を書きたい

本書を最後まで読んでいただき、ありがとうございます。私にとって本書は、前作の『新しい副業のかたち』に続いて、2冊目の著作になります。

起業についての本を書きたいとは、前作執筆時から考えていました。やはり副業だけでは、必要なことをすべてお伝えしたとは言えないですし、「ここまで書いたらハードルが上がりすぎる」ということで断念したこともたくさんありました。

それを本書にはほぼ盛り込んであるので、もしかしたら前作と比べると「ちょっと難しい」と感じた方もいらっしゃるかもしれません。たくさん売れる本にするにはもっと簡単にしたほうが良いのはわかっているのですが、今回は本当に起業を目指す人の役に立てる本を書きたいという想いが勝ちました。申し訳ありません。

世の中には起業本はたくさんあります。しかし、対人サービスを前提としたスモールビジネスで稼ぐために必要なことをすべて書いた本が、見当たりませんでした。店舗を持ちたい人やネットビジネスで成功したい人とはまったく対象が異なるのにすべてを網羅しようとしたり、精神論に偏ったり、自らの成功体験だけが書かれているので役に立たなかったりと、満足できるものがありません。この分野で、万人受けは無理なんだと思います。

そう感じている人が、数万人はいないかもしれないけれど数千人はいるのではないかな、少なくとも私の知っている限りで数百人はいるからその人たちの役に立ちたい、35歳の自分が読んだら思わず「こんな本を探していた！」と膝を叩くようなそんな「当たり前」の起業本を、と思って書きました。あなたもそんな風に、この本を楽しんでいただける方であったら良いのですが。

編集の藤本卓英さん、山口康夫社長、酒井秀介さん、フラスコ共同代表の野村昌平さん、大重雄進さん、そして何よりいつも私を支えてくれる安田智子さん、安田航さん、安田ほのかさん、安田榮一さん、安田香代子さん。その他多くの方に支えられてここまで来ることができました。感謝を捧げます。ありがとうございます！

安田　修

安田 修（やすだ おさむ）

北海道大学経済学部卒、日本生命保険相互会社で15年勤務後、起業。コミュニティ・プラットフォーム『信用の器 フラスコ』代表。オンラインサロン『セールスファネル・ラボ』など多数のコミュニティの立ち上げ、運営に関与。「誰もが自由で、好奇心あふれる生き方ができる世界を創る」をミッションとして活動。著書に『新しい副業のかたち』。

e-mail：yasuda@fra-sco.co.jp

特典：特別対談動画（30分）

https://willap.jp/p/frasco/Movie/

著者の安田と『ビジネス構築セミナー』講師であり、フラスコ共同代表の野村昌平さんとの対談です。より明確に、新しい起業のかたちをイメージできる音声動画が、無料でお楽しみいただけます。ご希望の方にはその後、本書『新しい起業のかたち』の裏話などをメールマガジンで送付させていただきます（いつでも解除できます）。

ビジネス構築セミナー

https://www.fra-sco.co.jp/lp-wp/kigyou/

本書でお伝えしたビジネス構築の方法について、より具体的にお伝えします。役に立つワークもありますので、実際に起業したい方には強くお勧めします。受講料は通常3,000円ですが、本書を持参いただければなんと無料で参加していただけます。

信用の器 フラスコ説明会

https://www.fra-sco.co.jp/lp-wp/

フラスコは10万人のコミュニティ・プラットフォームであり安全な実験室。あなたが他の人のイベントやコミュニティに参加し、イベントを主催して集客し、オンラインサロンを持つまでをなめらかにサポートします。説明会は無料です。

執筆　安田 修

デザイン　武田厚志（SOUVENIR DESIGN INC.）

編集長　山口康夫
担当編集　藤本卓英

資金ない、人脈ない、アイデアないの3ない状態でも起業できる！
会社にいながら起業して月100万円稼ぐ

新しい起業のかたち

2020年3月21日　初版第1刷発行

著者　安田 修
発行人　山口康夫
発行　株式会社エムディエヌコーポレーション
〒101-0051　東京都千代田区神田神保町一丁目105番地
https://books.MdN.co.jp/
発売　株式会社インプレス
〒101-0051　東京都千代田区神田神保町一丁目105番地
印刷・製本　中央精版印刷株式会社

Printed in Japan

【カスタマーセンター】
造本には万全を期しておりますが、万一、落丁・乱丁などがございましたら、送料小社負担にてお取り替えいたします。お手数ですが、カスタマーセンターまでご返送ください。

落丁・乱丁本などのご返送先
〒101-0051　東京都千代田区神田神保町一丁目105番地
株式会社エムディエヌコーポレーション カスタマーセンター
TEL：03-4334-2915

内容に関するお問い合わせ先
info@MdN.co.jp

書店・販売店のご注文受付
株式会社インプレス　受注センター
TEL：048-449-8040／FAX：048-449-8041

ISBN978-4-8443-6979-0　C0036